Knigge

mit Tests und
vielen Beispielen **für Kids**

arsEdition

Bibliografische Information Der Deutschen Bibliothek

Die Deutsche Bibliothek verzeichnet diese Publikation in der
Deutschen Nationalbibliografie; detaillierte bibliografische Daten
sind im Internet über http://dnb.ddb.de abrufbar.

5 4 3 2 1   11 10 09 08

© 2008 arsEdition GmbH, München
Alle Rechte vorbehalten
Text: Anne Wilkens
Illustrationen: Catharina Westphal
978-3-7607-3457-6

www.arsedition.de

Inhalt

1. Es war einmal ...

... als du noch winzig und süß warst

Weißt du noch? Als Baby gings dir gut. Du konntest dich schlecht benehmen und warst trotzdem der Star der ganzen Familie. »Was macht denn da meine kleine Prinzessin!«, jauchzte Papa beim Essen und ließ dich weiter genüsslich in den Salat patschen, mit den Fingern Spaghetti essen oder Lätzchen voll kleckern. Dein Sabbern, Rülpsen, Pupsen und Brüllen – kein Problem!

Aber schon mit zwei begann der Ernst des Lebens. Man steckte dich in Latzhosen und Gummistiefel, kurvte dich im Buggy zum Spielplatz und erwartete von dir, im Sandkasten mit wildfremden Kleinkindern friedlich Kuchen zu backen. So weit, so gut, aber weißt du noch, welcher Schock dich ereilte, als sich Mama plötzlich von ihrer ungemütlichen Seite zeigte? Gerade hattest du erfolgreich dem Mädchen mit dem seltsamen Sonnenhut einen Sandeimer entrissen und wolltest deine Trophäe in Sicherheit bringen, da begann deine Mutter schon zu schimpfen. Wo lag das Problem? Ratlos starrtest du ihr ins Gesicht.

Mit drei gings in den Kindergarten. Dort lernte man ziemlich viele Benimmregeln. Morgens sagte man »Guten Morgen, Frau Meyer«, hängte seinen Anorak an den Haken mit dem Krokodil und zog seine Hausschuhe an. Bevor man sich ein Bilderbuch oder das Schlümpfe-Spiel holte, musste man zuerst die Holzbauklötze aufräumen, sonst schimpfte Frau Meyer. Vor der Brotzeit ging man aufs Klo und wusch sich die Hände. Am Tisch fasste man sich an den Händen und rief: »Piep, piep, piep, wir ham uns alle lieb, jeder isst, so viel er kann, nur nicht seinen Nebenmann. Piep, piep, piep, einen guten Appetit!« Wer abgeholt wurde, musste sagen: »Auf Wiedersehen, Frau Meyer.«

Mit vier brachte dir Mama bei, dass nette Kinder andere Menschen rücksichtsvoll behandeln. Doch wo waren denn die netten, rücksichtsvollen Kinder? Im Kindergarten? »Du musst lernen, dich zu wehren«, mahnte Frau Meyer, wenn du gefrustet in der Ecke saßt, weil Max mal wieder stärker war. Und so wurde Mia zu deinem Übungsobjekt. Eigentlich war sie ja schon ganz nett. Immer, wenn man zu ihr sagte: »Zisch ab, du Bekloppte!«, fing sie an zu weinen, und das gab einem das Gefühl, so groß und stark wie Max zu sein …

»Von nun an lernt mein Schatz, mit Messer und Gabel zu essen und eine Serviette zu benutzen«, verfügte Mama, als du fünf Jahre alt warst. Naja, was macht man nicht alles, um die Eltern zufrieden zu stellen.

Und dann kam der erste Schultag. Du warst stolz wie ein Pfau auf deine Schultüte und den neuen Schulranzen. Erkennst du dich in der ersten Reihe?

Mit sieben konntest du schon ziemlich gut stillsitzen und zuhören und außerdem schon einigermaßen lesen, schreiben und rechnen und die Lehrerin mit »Sie« anreden. Alle Kinder in der Klasse fanden Frau Werner toll. Sie war wirklich sehr nett.

Mit acht konntest du noch länger still sitzen und zuhören und noch besser lesen, schreiben und rechnen. Aber alle Kinder in der Klasse fanden nun nicht mehr die Lehrerin, sondern Kevin toll. War der nicht cool? Nie machte er seine Hausaufgaben und er kannte so viele verbotene Wörter, solche, die man eigentlich nicht sagen durfte, und auch unbekannte Fremdwörter …

Und jetzt? Jetzt bist du schon neun oder zehn Jahre alt. Mama ist froh, dass du nicht so cool wie Kevin bist. Sie hat dir einen Kinder-Knigge geschenkt. Aber was soll das nun wieder bedeuten? Wer oder was ist denn Knigge?

2. Wer oder was ist »Knigge«?

Ein berühmtes Buch

Adolph Freiherr von Knigge hat vor über 200 Jahren ein berühmtes Buch, genannt »Knigge«, geschrieben. Es trägt den Titel »Über den Umgang mit Menschen« und wurde millionenfach verkauft. Im Knigge hat Freiherr von Knigge seine Gedanken und Überlegungen über die Menschen und ihr Zusammenleben zu Papier gebracht. Es sind praktische Lebensweisheiten, die dazu beitragen sollten, dass die Menschen friedvoll und gerecht zusammenleben. Knigge glaubte fest daran, dass das Zusammenleben besser klappt, wenn sie einander achten, rücksichtsvoll und freundlich miteinander umgehen, kurzum: wenn sie sich gut benehmen. Er wünschte sich, dass die Menschen »in dieser Welt und in Gesellschaft mit anderen glücklich und vergnügt leben und ihre Nebenmenschen glücklich und froh machen«. Wie er sich das im Einzelnen vorstellt, erklärt Herr von Knigge in seinem dreiteiligen Werk. Wenn du Knigge im Original lesen möchtest, schau nach im Internet unter *www.freiherr-von-knigge.de*. Du wist sehen: Viele seiner Ideen und Verhaltensvorschläge passen noch immer in die heutige Zeit!

Schon gewusst? – Wer ist Adolph Freiherr von Knigge?

Adolph Freiherr von Knigge (1752–1796) stammte aus einer verarmten Adelsfamilie. Als seine Eltern starben, war er noch ein Kind. Nach seinem Studium der Rechtswissenschaften ernannte ihn Herzog August von Sachsen-Weimar auf Empfehlung des Dichters Johann Wolfgang von Goethe zum Kammerherrn. Er war eine Art Privatsekretär, der sich um die persönlichen Angelegenheiten des Fürsten kümmerte. 1780 trat Knigge dem Illuminatenorden bei, einer Geheimorganisation, deren Mitglieder so genannte Aufklärer waren. Sie waren davon überzeugt, dass jeder Mensch von Natur aus gut und mit Vernunft begabt ist und sich durch Bildung und Erziehung weiter entwickeln kann. Sie verbreiteten die Schriften berühmter Philosophen der Aufklärung, setzten sich für die Gleichstellung von Bürgern und Adeligen ein und kämpften für die Menschenrechte. Auch Knigge war als Aufklärer sehr aktiv und deshalb bei seinen adeligen Standesgenossen nicht sehr beliebt. Viele nannten ihn sogar einen »Volksaufwiegler«. Bald verlor Knigge seinen ererbten Familienbesitz und musste wie ein Bürger seinen Lebensunterhalt selbst verdienen. Er legte seinen Adelstitel ab, verfasste Unterhaltungsromane, Theaterstücke, satirische und politische Schriften. 1788, ein Jahr vor der Französischen Revolution, erschien sein wichtigstes Werk »Über den Umgang mit Menschen«. Antworten auf Benimmfragen wie z. B. »Müssen Mädchen zur Begrüßung knicksen?« oder »Wie isst ein Junge in Gesellschaft manierlich Kaviar?« wirst du in seinem Buch jedoch vergeblich suchen. Knigge ging es nicht darum, den Menschen Benimmregeln vorzuschreiben. Er wollte aufzeigen, wie seine Zeitgenossen in den unterschiedlichsten Situationen miteinander umgehen, wo ihre menschlichen Schwächen und Stärken liegen und wie man durch Tugenden wie Vernunft, Achtung, Respekt, Rücksicht und Brüderlichkeit das Zusammenleben erleichtern kann.

Neue Lebensgewohnheiten ...

Adolph Freiherr Knigge, der viele kluge Sätze über die Menschen und ihr Zusammenleben geschrieben hat, ist nun schon seit mehr als 200 Jahren tot. Seitdem hat sich in der Welt einiges verändert. Knigge würde sie wahrscheinlich kaum wiedererkennen. Wissenschaft, Technik, Kunst und Sprache haben sich weiterentwickelt. Die Menschen kleiden sich anders und ihre Lebensumstände sind nicht mehr so wie in früheren Zeiten. Knigge ging zu Fuß oder reiste manchmal tagelang mit der wackelnden Pferdekutsche über holperige Wege. Wir haben inzwischen die Möglichkeit, mit Auto, Bahn und Flugzeug in kürzester Zeit bequem alle Orte der Welt zu erreichen. Wollen wir Musik hören, schalten wir das Radio oder den CD-Player an. Haben wir Lust auf einen Film, schauen wir nach, was das Fernsehen zu bieten hat, oder gehen ins Kino. Wenn wir Kontakt zu Menschen suchen, müssen wir nicht einmal mehr das Haus verlassen. Wir schnappen einfach unser Handy, telefonieren, verschicken eine E-Mail, surfen im Internet und treffen uns in einem Chat-Room. Herr von Knigge hatte all diese Möglichkeiten nicht. Er kannte weder Fernseher noch Computer noch Telefon. Er saß am Abend bei Kerzenlicht im Sessel, las Bücher, unterhielt sich mit seiner Familie oder mit Freunden, musizierte oder schrieb Briefe. Du siehst, der Alltag der Menschen und die Form, in der sie miteinander kommunizieren, hat sich verändert. Die Menschen haben inzwischen andere Gewohnheiten angenommen, andere Werte, Vorlieben und Formen des Zusammenlebens entwickelt und verstehen unter gutem Benehmen nicht mehr genau dasselbe wie noch vor 200 Jahren.

... und andere Benimmbücher

Die Form, in der sich gutes Benehmen ausdrückt, hat sich im Lauf der Zeit verändert. Doch Höflichkeit und Manieren sind auch heute keineswegs überflüssig. Was Autoren des 21. Jahrhunderts darunter verstehen, kannst du in verschiedenen Benimmbüchern nachlesen. Die meisten sind für Erwachsene geschrieben und werden in respektvoller Erinnerung an Adolph Freiherr Knigge kurz »Knigge« genannt. Ein »Knigge« gibt Benimmtipps für alle Lebenslagen und Situationen, ob im Alltag oder im Berufsleben. Blättert man einen solchen Ratgeber durch, findet man dort Antworten auf Benimmfragen wie z.B. »Wo sitzt der Ehrengast?«, »Wie isst man Kaviar und Brathähnchen?« oder »Wie redet man einen Herzog an?«. Aus dem Manager-Knigge erfahren leitende Unternehmer und Angestellte, wie man mit Mitarbeitern und Geschäftspartnern umgeht, wie sich das Betriebsklima verbessern lässt oder wie man Besprechungen und Empfänge abhält. Der »Kulinarische Knigge« hat sich auf Tischmanieren spezialisiert und beschäftigt sich ausführlich mit dem appetitlichen Verspeisen von Nahrung und dem Verhalten bei Tisch. Der Auslandsknigge erläutert die unterschiedlichen Sitten und

Gebräuche in anderen Ländern und gibt Tipps für den Umgang mit ausländischen Geschäftspartnern.

Der Kinder-Knigge, in dem du gerade liest, wendet sich an Kinder, also auch an dich. Er will dich davon überzeugen, dass man im Alltag, in der Schule, unterwegs und auf Reisen viel besser klarkommt, wenn man freundlich, fair und rücksichtsvoll mit seinen Mitmenschen umgeht, kurz: wenn man sich gut benimmt. Weißt du, worauf Erwachsene achten, wenn sie von guten Manieren reden? Teste selbst, welche Benimmregeln du schon beherrschst und wo noch Nachholbedarf besteht. Höflich zu sein ist einfacher, als du denkst!

3. Umgangsformen

Jeden Tag begegnest du Menschen

Hast du deine Eltern verlassen und lebst inzwischen als Einsiedler, einsam und allein in einer Berghöhle? Vermutlich nicht. Wahrscheinlich wohnst du wie die meisten Kinder noch immer mit deiner Familie in einem Dorf oder in einer Stadt. Du gehst wahrscheinlich Tag für Tag zur Schule, gelegentlich ins Schwimmbad, zum Fußballplatz oder in die Bücherei. Mittwochs besucht dich dein bester Freund, am Donnerstag trifft sich die Kindergruppe von Greenpeace und am Sonntag gibts bei Oma und Opa Kakao und Käsekuchen, oder auch nicht. Überall und jeden Tag triffst du Menschen. Manche stehen dir nahe so wie Mama und Papa und die übrigen Mitglieder deiner Familie. Andere kennst du kaum und viele sind dir sogar fremd. Ob sie sympathisch, zuverlässig und tugendhaft sind oder ob es sich um langweilige, gemeine, bösartige Zeitgenossen handelt, weißt du nicht und du wirst es vielleicht auch niemals herausfinden. Aber sie leben im selben Wohnort, manche sogar im selben Haus. Wenn du ihnen regelmäßig begegnest, pflegst du, ob du es willst oder nicht, in irgendeiner Form mit ihnen Umgang.

Von weitem Grüßen ist besser als in der Nähe zanken.
Chinesische Weisheit

Alle kann man nicht lieb haben

Küsst und umarmst du wildfremde Menschen, die du auf der Straße triffst? Oder einen deiner Nachbarn? Wohl kaum. Auch deine Lehrerin würde sich ziemlich wundern, wenn du ihr plötzlich auf den Rücken springen und sie am Kinn kitzeln würdest, so wie du das manchmal bei Papa machst, wenn er abends nach Hause kommt. Nachbarn, Lehrer und fremde Menschen herzt man einfach nicht. Warum auch? Man kann nicht alle Menschen lieb haben. Und manchen Leuten will man auch gar nicht so nahe kommen. Sie interessieren uns einfach nicht, sie haben nicht die gleiche Wellenlänge, sind uns fremd. Trotzdem haben auch sie ein Recht darauf, dass wir ihnen mit Achtung und Respekt begegnen. Selbst Menschen, die wir nicht mögen und die uns schon oft geärgert haben, verdienen eine höfliche Behandlung, auch wenn diese nicht immer leicht fällt. Unsere Vorfahren in der frühen Steinzeit hätten einem unsympathischen Stammesbruder vermutlich kurzerhand mit dem Knüppel eins auf die Rübe gegeben. Aber wir sind uns doch hoffentlich einig, dass es ein Fortschritt ist, dass die Menschen im Alltag inzwischen friedlicher miteinander umgehen! Umgangsformen können dabei sehr hilfreich sein. Wenn wir unseren Mitmenschen durch unmissverständliche Gesten und Verhaltensweisen zeigen, dass wir sie achten und respektieren, und wenn sie uns dasselbe signalisieren, gibt es wirklich keinen Grund zu streiten. Auf beiden Seiten entsteht vielmehr ein Gefühl von Friedfertigkeit. Man begegnet sich, zeigt eine freundliche Geste, ohne viel voneinander zu erwarten, und entfernt sich wieder, zufrieden darüber, dass sich auch der andere nicht gleichgültig gezeigt hat.

Das Gute, welches du andern tust, tust du immer dir selbst
Leo N. Tolstoi

Umgangsformen sind praktisch

»Guten Morgen, Frau Rottmüller«, sagst du eurer Nachbarin, die du im Treppenhaus triffst, und schenkst ihr ein Lächeln. Auch sie grüßt und lächelt dich an. Sie freut sich, dass sie dir begegnet ist. Und beide fühlt ihr euch wohl. »Entschuldigung! Hab ich dir wehgetan? Das tut mir wirklich Leid!«, sagst du zu Opa, dem du mit deinen Lederschuhen auf den nackten Zeh getreten bist. Und er lächelt dir (in diesem Fall vielleicht etwas gequält) zu, um zu zeigen, dass er dir verzeiht. So einfach ist das! Ja, Umgangsformen sind wirklich praktisch und bequem. Man muss nämlich nicht ständig überlegen und entscheiden, wie man sich in dieser oder jener Situation verhalten soll. Man hält sich einfach an die Konventionen. Man benimmt sich! Man tut, was sich schickt, und vermeidet, was sich nicht gehört. Was sich im Einzelnen schickt und was nicht, wirst du noch lernen, wahrscheinlich ein Leben lang. Denn Umgangsformen sind keine gesetzlich festgelegten Regeln und starren Vorschriften, die auf immer und ewig Gültigkeit besitzen. Es sind überlieferte Verhaltensvorschläge, die in jeder Generation auf andere Menschen treffen, die sie beibehalten, wenn sie sich bewährt haben, oder verändern, wenn sie nicht mehr als zeitgemäß erscheinen.

Schon gewusst? – Was sind Konventionen?

Das Wort Konvention kommt aus dem Lateinischen. »Convenire« heißt übereinkommen, sich anpassen, sich schicken. Eine Konvention ist eine Übereinkunft, ein Brauch. Konventionen sind nützlich, denn sie können helfen, Streit zu vermeiden. Einigt man sich darüber, was gut und böse, was einer bestimmten Situation angemessen ist und was nicht, klappt das Zusammenleben besser. In unserem Kulturkreis sind sich alle darin einig, dass es z. B. angebracht ist, sich zu verabschieden. Man sagt »Auf Wiedersehen«, bevor man geht. Der Einzelne kann sich an diese Konvention halten oder nicht. Wenn du im Umgang mit deinen Mitmenschen altbewährte Formen, Gesten und Verhaltensweisen übernimmst, tust du, was sich schickt. Du hältst dich an die Konvention des guten Benehmens.

Adel verpflichtet

Früher bestimmten allein die führenden Eliten, damals der Adel, die Reichen und politisch Mächtigen, wer sich wie zu benehmen hatte, ja sogar, wer welche Kleidung tragen durfte. Jahrhundertelang hatte jeder Rang, jeder Stand, jedes Geschlecht, jedes Lebensalter eine bestimmte Kleiderordnung. So trugen z. B. die Könige bis ins 19. Jahrhundert zum Essen bei Tisch einen Hut. Es war auch strengstens geregelt, wer seinen Hut in Gegenwart des Königs anbehalten durfte und wer ihn zum Gruß abnehmen musste. Für jede Berufsgruppe, jeden Stand gab es bestimmte Umgangsformen und Benimmvorschriften, an die man sich strikt zu halten hatte. Im Mittelalter galt es z. B. als höchst unanständig, wenn sich die Bürger Gewänder aus Stoffsorten nähen ließen, die eigentlich nur für die über ihnen stehenden Adeligen vorgesehen waren. Ein Privatleben, das jeder nach Lust und Laune frei gestalten konnte, kannte man nicht, das gesamte Leben spielte sich in der Öffentlichkeit ab. Der Einzelne stand also immer unter Beobachtung. Selbst der König. Er konnte sich nicht einfach so seine gemütliche Haushose anziehen, auf dem Sofa lümmeln, in einem Buch schmökern und dabei von seinem Käsebrötchen abbeißen. Diese Haltung wäre eines Königs unwürdig gewesen. Nie konnte er unbeobachtet essen, ständig und überall waren seine Diener dabei! Sogar ins Schlafzimmer, ins Bad und auf die Toilette wurde er begleitet! Und bei allen Gelegenheiten mussten er und sein ganzer Hofstaat gute Manieren zeigen. Ja, Adel verpflichtet! Zu Edelmut und gutem Benehmen!

Schon gewusst? – Was sind Manieren?

Das Wort »Manieren« leitet sich aus dem französischen Wort »manière« ab, d. h. übersetzt »Art und Weise, Gewohnheit, Benehmen«. »Manierlich sein« heißt, sich gesittet und wohlerzogen zu benehmen. Der Mensch, der Manieren zeigt, nimmt eine »Manier«, eine Art und Weise an, er legt sich ein bestimmtes Benehmen zu, er mäßigt, glättet seine Vorlieben und Neigungen, reißt sich zusammen und unterwirft sich einer als schön empfundenen Form. Wie vorbildliche Manieren aussehen, legte bei fast allen Kulturen der Adel fest. Am Hof des Königs benahm man sich »höflich«, manierlich, gesittet. Die Adligen galten als vornehmes Geschlecht. Sie waren für die unter ihnen stehenden Gesellschaftsschichten stets Vorbild und Ideal. Selbst als der Adel seine Macht verloren hatte, versuchten die Bürger, sich ebenso vornehm zu gebärden und die eleganten Manieren der Freiherrn, Grafen, Herzöge, Könige und Kaiser nachzuahmen.

Freundliche Gesten besänftigen

Der Adel bestimmt heute nicht mehr die wirtschaftlichen Verhältnisse und das politische Geschehen. Wir leben inzwischen in einer Demokratie, in der alle Menschen vor dem Gesetz gleich sind. In einer Gesellschaft der Gleichen gibt es im Grunde keine Höher- und Niedergestellten mehr wie in früheren Zeiten. Deshalb können heute alle dieselben Umgangsformen und Benimmregeln anwenden, ob reich oder arm. Was bei uns als manierlich gilt, ist aber noch immer stark geprägt von Vorstellungen, Begriffen und Gesten aus früheren Zeiten. Viele Manieren, z.B. das Benehmen bei Tisch, haben sich die Bürger beim Adel abgeguckt und bis heute beibehalten. Hast du gewusst, dass manche für uns ganz alltäglichen Umgangsformen ursprünglich einen ganz anderen Sinn hatten? In vergangenen Jahrhunderten trugen viele Menschen Waffen, die sie oft schon bei den kleinsten Unstimmigkeiten mit ihren Mitbürgern zückten! Einen Streit zu provozieren, war weit gefährlicher als heute. Die Menschen hatten immer Angst voreinander, vor allem die Furcht vor Fremden war groß. So bildeten sich allmählich Umgangsformen heraus, die geeignet schienen, die anderen zu kontrollieren und dadurch die Angst zu mindern: Man streckte die Hand aus, um zu zeigen, dass man keine Pistole in ihr verbarg. Man umarmte den anderen, um zu beweisen, dass man keinen Dolch im Gewand versteckt hielt. Man schaute dem anderen tief in die Augen, um mögliche böse Absichten zu ergründen.

Das Lächeln, das du aussendest, kehrt zu dir zurück
Indische Weisheit

Heute gebraucht man noch dieselben Gesten, will aber etwas ganz anderes damit ausdrücken:

- Wer Blickkontakt aufnimmt und seinen Mitmenschen offen und ehrlich in die Augen blickt, signalisiert Respekt und Friedfertigkeit.
- Umarmung drückt Freundschaft, Liebe und Zärtlichkeit aus.
- Ein Händedruck ist ein Zeichen von Sympathie und Vertrauen.

Manche Gesten, die für unsere Urgroßväter noch ganz normal waren, gelten heute als überholt und altmodisch. Der Handkuss z.B. zählte früher zu den Gesten, die Erhabenheit und Respekt gegenüber einem Höhergestellten zum Ausdruck bringen sollten. Noch im 19. Jahrhundert küssten die Untertanen des bayerischen Königs die Hand ihres Oberhaupts. Später war es üblich, verheirateten Frauen zur Begrüßung oder beim Abschied als Zeichen der Verehrung die Hand zu küssen, heute geschieht dies nur noch sehr selten. Das Lächeln als Geste der Freundlichkeit kommt dagegen wohl nie aus der Mode! Schon Babys und Kleinkinder beherrschen sie perfekt. Wenn sie ihr pausbäckiges Grinsen auflegen und über das ganze Gesicht strahlen, wird selbst der ruppigste Zeitgenosse besänftigt. Hast du nicht auch schon festgestellt, dass man mit einem freundlichen Lächeln oft mehr erreichen kann als mit vielen Worten?

Schon gewusst? – Was ist Respekt?

Das deutsche Wort Respekt ist abgeleitet aus dem französischen »respect« und stammt ursprünglich aus dem Lateinischen. »Respectus« ist das »Zurückblicken, das Sichumsehen, die Rücksicht«. Wer andere respektiert, schenkt ihnen Achtung und Anerkennung. Respekt kann aber auch Ehrerbietung, Ehrfurcht oder Scheu ausdrücken.

Signale des Respekts

Freundlichkeit, Höflichkeit und Aufgeschlossenheit gegenüber dem andern drückt man aber nicht nur mit Gesten oder durch Mimik aus. Auch die persönliche Erscheinung spielt eine wichtige Rolle. Im Unterschied zu den Menschen vergangener Jahrhunderte müssen wir uns nur noch selten an bestimmte Kleidervorschriften halten. Wir können uns im Grunde anziehen, wie es uns gefällt, sofern die Kleidung dem Ort und der Zeit angemessen ist. In der Schule trägst du wahrscheinlich meistens Jeans, T-Shirts oder Pullover so wie alle. Du wirst kaum im Schlafanzug, im Fußballtrikot, im Ballettröckchen oder im Badeanzug im Klassenzimmer auftauchen. Oder? Das wäre wirklich unpassend! Jeder würde sich über dich wundern. Auch wenn du ständig verdreckt und ungekämmt erscheinen würdest, könnte das deinen Lehrern und Klassenkameraden unangenehm auffallen. Denn regelmäßige Körperpflege und ordentliche, angemessene Kleidung erwartet man nicht nur von Erwachsenen, sondern auch von Kindern. Sauber gewaschen, frisch gekämmt und gut gekleidet zu sein, drückt Respekt vor sich selbst und den Mitmenschen aus. Wer das Badezimmer selten aufsucht und kein Deo benutzt, signalisiert bereits aus weiter Entfernung, dass er keinen großen Wert auf Kontakt mit seinen Mitmenschen legt. Fettige Haare, verschmutzte Gesichter, schwarzgeränderte Fingernägel, Mund- und Körpergeruch sagen: Bleibt bloß weg von mir! Ich kann mich selbst nicht leiden. Auch wer selten seine Wäsche wechselt und tagelang einen verschwitzten Pullover trägt, wird sich nicht gerade besonders beliebt machen. Man fragt sich: Ist er einfach zu nachlässig oder will er provozieren? Warum erscheint er in vergammelten Sportklamotten und in total verdreckten Turnschuhen auf einer Veranstaltung, in der alle anderen festlich gekleidet sind? Will er etwa stören? Sucht er Streit? Du siehst, ob wir es wollen oder nicht: Die Art, wie wir uns kleiden und wie wir auftreten, sendet Signale aus, die das Urteil und Verhalten der Menschen uns gegenüber beeinflussen können.

Nicht alle Erwachsene sind gute Vorbilder

Im Gegensatz zu vielen Menschen in den ärmeren Ländern der Welt können es sich die Leute bei uns leisten, frisch geduscht und ordentlich gekleidet durch die Gegend zu laufen. Aber gehen sie auch höflich miteinander um? Schau dich einmal aufmerksam um, auf der Straße, im Kaufhaus, an der Bushaltestelle, im Restaurant oder beim Bäcker. Du wirst feststellen, dass es jede Menge freundlicher, zuvorkommender und rücksichtsvoller Menschen gibt. Aber vielleicht hast du auch schon Erfahrungen mit weniger erfreulichen Zeitgenossen gemacht. Vielleicht bist auch du schon Menschen begegnet, die, manchmal ohne es zu wollen, eine Stimmung des Unbehagens oder Streits verursachen wie:

Höflichkeit ist eine Münze, die auch den bereichert, der sie ausgibt
Johann Wolfgang von Goethe deutscher Dichter, (1749–1832)

- rasende Autofahrer, die die anderen Verkehrsteilnehmer von der Überholspur drängeln;
- Geschäftsleute, die im Großraumabteil der Eisenbahn stundenlang und lautstark in ihr Handy reden, obwohl andere lesen oder schlafen möchten;
- ungeduldige Drängler, die kleine Kinder umrempeln und sich nicht dafür entschuldigen;
- Raucher, die, ohne um Erlaubnis zu fragen, ihre Umgebung einnebeln;
- unfreundliche Verkäuferinnen mit verächtlicher Miene, die lange Privatgespräche am Telefon führen, obwohl viele Kunden warten;
- ungeduldige Kunden, die keinerlei Verständnis für die Überlastung mancher Verkäuferinnen haben;
- Hausfrauen am Wühltisch, die einander gegenseitig Socken und Unterhosen aus den Händen reißen;
- grölende Fußballfans, die in Gruppen den Gehweg bevölkern und es nicht für nötig halten, Passanten auszuweichen;
- modisch aufgetakelte Türsteher, die arrogant auf die Leute herabsehen, die keine teuren Markenklamotten tragen;

- rechthaberische Nachbarn, die sich über jede Kleinigkeit aufregen und oft ohne Grund einen Streit vom Zaun brechen;
- coole Angeber, die Freude daran finden, anderen Peinlichkeiten zu bereiten;
- Heuchler, die hinter dem Rücken anderer Klatsch und Tratsch verbreiten;
- Unsensible, die schadenfroh lachen, wenn einem anderen ein Missgeschick passiert ist.

Erwachsene, die sich so verhalten, solltest du dir besser nicht zum Vorbild nehmen. Sie haben nämlich vergessen, dass sich gutes Benehmen vor allem durch eine positive Grundhaltung gegenüber den Mitmenschen auszeichnet, die sich in Aufmerksamkeit, Zuvorkommenheit, Takt, Rücksicht und Mitgefühl ausdrückt.

Nette Menschen sind Gewinner

»Was du nicht willst, dass man dir tu, das füg auch keinem andern zu«, sagt ein altes Sprichwort. Nimm es dir zu Herzen! Ärger, Wut und schlechte Laune lösen sich nicht auf, wenn man andere nervt, stichelt, schikaniert und piesackt. Böse Worte verletzen und schaffen eine schlechte Stimmung. Nett sein macht mehr Spaß. Probiers mal aus! Sei aufmerksam, komme deinen Mitmenschen zuvor, bevor sie selbst um etwas bitten müssen. Hilf der Mutter mit dem Kinderwagen beim Einsteigen in den Bus. Halte der Nachbarin die Tür auf, lass ihr den Vortritt und nimm Oma die schweren Einkaufstüten ab. Freundlichkeit, Zuvorkommenheit, Mitgefühl und Rücksicht sind keineswegs ein Kennzeichen von Verlierern oder Schwächlingen! Im Gegenteil. Nach neuesten Ergebnissen der Evolutionsforschung (Entwicklungsforschung) gibt es viele Hinweise, dass im Verlauf der Erdgeschichte neue Lebensformen auf der Welt nicht durch Egoismus entstanden, sondern durch die Neigung selbständiger

Takt hat nur wer fühlt, wie andern zumute ist
Robert Gersung

Lebewesen, sich zu verbinden und auf höherer Ebene als eine größere Gesamtheit zu erscheinen. Die Sieger waren also die Lebewesen, die nicht nur auf den eigenen Vorteil bedacht, sondern kooperativ waren, ihren Artgenossen halfen, sie unterstützten und so »Netzwerke« bildeten. Auch die Entwicklung der Menschheit war durch Altruismus (Selbstlosigkeit) und Kooperationsbereitschaft (Bereitschaft zur Zusammenarbeit) gesteuert. Überlebensstrategien, die sich im mathematischen Modell als am tauglichsten erwiesen haben, klingen ganz einfach:

1. Sei aufmerksam und plane im Voraus.
2. Arbeite mit anderen zusammen.
3. Neide deinem Nachbarn nicht den Erfolg.
4. Sei bereit zu verzeihen.

Erfolgreiche Chefs sind freundlich und taktvoll

Chefqualitäten zeigen nicht etwa die Leute, die andere herabsetzend behandeln und herumkommandieren, sondern Menschen, die einfühlsam, freundlich, höflich, rücksichtsvoll und taktvoll mit anderen umgehen. Durch kleine Gesten und Gefälligkeiten gelingt es ihnen, eine friedliche Stimmung zu schaffen und Ärger und Streitigkeiten zu vermeiden.

»Takt« nennt man ein Verhalten, das Feingefühl und vornehme Zurückhaltung gegenüber dem anderen ausdrückt. Wer taktvoll ist, ist aufmerksam gegenüber seinen Mitmenschen.

Er kann sich in ihre Gefühle hineinversetzen, spürt, was sie freuen, und vermeidet, was sie verletzen könnte. Takt heißt auch, traurige Wahrheiten nicht auszusprechen, um den anderen nicht zu verletzen.

Gute Manieren annehmen, aber nicht einfordern

Man kann jederzeit beschließen, nett zu sein und sich gut zu benehmen. Warum nicht gleich morgen? Wenn du Mama freiwillig und ohne zu meckern beim Staubsaugen oder Ausräumen der Spülmaschine hilfst, zeigst du dich hilfsbereit und zuvorkommend. Wenn du regelmäßig das Katzenklo sauber machst, beweist das Verantwortungsbewusstsein und Verlässlichkeit. Alle Achtung! Dein Taktgefühl kannst du unter Beweis stellen, indem du einen Mitschüler, der in der Schule einen Fehler gemacht hat, nicht auslachst. Wer sich in die Lage anderer einfühlt, dem fällt es leicht, sich taktvoll zu benehmen und rücksichtsvoll zu sein. Oder ist es für dich ein Problem, den Nachbarn zuliebe den CD-Player auf Zimmerlautstärke zu stellen?

Bist du zu Hause, unterwegs oder in der Schule immer höflich, zuvorkommend und taktvoll? Grüßt, verabschiedest, gähnst, niest, dankst und hustest du vorbildlich? Und weißt du auch, welche Verhaltensweisen man besser meidet? Wirklich? Das werden wir ja gleich sehen!

Teste deine Umgangsformen!

Verdecke die rechte Seite, notiere die Antwort und vergleiche später!

Grüßen und Begrüßung

1. Auf dem Weg ins Kino begegnet dir Herr Beckmann, dein Lehrer. Ihr erkennt euch beide gleichzeitig. Wer grüßt zuerst?
a) Beide gleichzeitig
b) Du, das Kind
c) Herr Bergmann, der Erwachsene

1b) *Höfliche Kinder grüßen immer zuerst, dann erst grüßt der Erwachsene, denn mit seinem Gruß vermittelt das Kind Respekt und Achtung vor dem Älteren und Erfahreneren. Unter Gleichaltrigen und nahen Bekannten gilt: Wer zuerst sieht, grüßt zuerst.*

Merke:
1. *Das Kind grüßt zuerst.*
2. *Besser zu viel als zu wenig gegrüßt!*

---

2. Tante Anna kommt zu Besuch. Gerade tritt sie ins Wohnzimmer und begrüßt dich. Du sitzt auf dem Sofa und liest ein Buch. Was machst du?
a) Du klappst dein Buch zu, stehst auf und sagst ihr freundlich »Guten Tag«. Dann wartest du, ob sie dir die Hand reicht. Wenn ja, reichst du ihr deine.
b) Du stehst auf, begrüßt sie und reichst ihr die Hand.
c) Du bleibst sitzen, sagst kurz »Tag« und liest weiter.

2a) *Kommt Besuch ins Zimmer, klappst du dein Buch zu, stehst auf und sagst dem Ankömmling, in unserem Fall Tante Anna, freundlich »Guten Tag, Tante Anna«. Strecke ihr nicht die Hand hin, sondern warte ab, bis sie dir die Hand reicht. Erst dann reichst du ihr die rechte Hand und hältst ihre mit leichtem Händedruck. Genau so! Perfekt! Wenn du ihr während der Begrüßung noch in die Augen schaust, wird sie ganz entzückt von dir sein!*

Merke:
1. *Zur Begrüßung steht man auf.*
2. *Der Ältere (bzw. die Dame) reicht zuerst die rechte Hand.*
3. *Blickkontakt halten*

3. Mama und Papa erwarten Besuch. Es klingelt an der Wohnungstür. Du machst auf. Onkel Theo steht da mit einem Blumenstrauß. Was machst du?

a) Du drehst dich um und rufst: »Mama, Onkel Theo ist da« und verschwindest in dein Zimmer.

b) Du begrüßt ihn, reichst ihm die Hand und bittest ihn einzutreten. Dann schließt du die Tür hinter ihm, nimmst ihm den Mantel ab und hängst ihn in die Garderobe. ≠ 1870 ??

c) Du sagst: »Komm, gib mir die Blumen. Ich stell sie in die Vase.«

3b) *Gäste begrüßt man an der Tür. Der Gastgeber streckt dem Gast die Hand entgegen. Kinder im Alter von neun Jahren dürfen auch schon als Gastgeber auftreten. Wenn sie die Tür öffnen und Gäste empfangen, reichen sie den Erwachsenen (ausnahmsweise!) als Erste die Hand. Mit einer freundlichen Bemerkung wie »Schön, dass du da bist« oder »Kommen Sie doch herein« lässt man den Gast ein, schließt hinter ihm die Tür, nimmt ihm den Mantel ab und hängt ihn an die Garderobe.*

Merke:

1. *Größere Kinder, die an der Haustür Gäste empfangen, reichen als Gastgeber (ausnahmsweise) den Erwachsenen zuerst die Hand.*

4. Du willst deine Mama vom Büro abholen. Eine Kollegin führt dich in ein Großraumbüro, in dem viele Menschen arbeiten. Was machst du, wenn du den Raum betrittst?

a) Du begrüßt die Leute im Raum.

b) Du sagst gar nichts, um nicht bei der Arbeit zu stören.

c) Du wartest, bis die Erwachsenen etwas sagen.

4a) *Wenn du einen Raum betrittst, grüßt du die Personen, die sich darin aufhalten, mit »Guten Tag« und einem Kopfnicken, und zwar bevor sie dich grüßen.*

Merke:

Der Eintretende grüßt immer zuerst!

5. Du klingelst bei Tante Olga. Sie führt dich in die Wohnung und stellt dich ihrer Schwester vor, die im Esszimmer sitzt und Kaffee trinkt. Auf was musst du achten?

a) Bei der Begrüßung nimmt man die Kopfbedeckung ab und nimmt die Hände aus der Hosentasche. Blickkontakt nicht vergessen.

b) Du sollst Erwachsene nicht im Stehen begrüßen.

c) Beim Begrüßen kann man nichts falsch machen.

5a) *Du nimmst deine Kopfbedeckung ab, die Hände aus den Hosentaschen und begrüßt dann die Anwesenden. Blickkontakt ist dabei wichtig! Die Hand reichst du nur, wenn ein Erwachsener dir zuerst seine Hand reicht.*

Merke:
1. *In geschlossenen Räumen nimmt man die Kopfbedeckung ab.*
2. *Zur Begrüßung und im Gespräch nimmt man die Hände aus den Hosentaschen.*

Bekannt machen und vorstellen

6. Du gehst mit deiner Freundin einkaufen. Unterwegs trefft ihr Tante Anna. Ihr begrüßt euch. Wie stellt ihr euch vor?

a) Du sagst: »Das ist Julia Müller, meine Freundin. Und das ist Tante Anna.«

b) Du sagst: »Das ist Tante Anna und das ist meine Freundin Julia Müller.«

c) Du sagst gar nichts, weil sich Tante Anna und Jule ja nicht unbedingt kennen lernen müssen.

6a) *Du stellst zuerst deiner Tante die Freundin vor, dann erst der Freundin die Tante. Der Ältere (die Tante) darf immer zuerst erfahren, wer der Jüngere (das Kind) ist. Dann erst stellt man dem Kind den Erwachsenen vor.*

Merke:
Das Kind wird dem Erwachsenen zuerst vorgestellt.

Anrede

7. Die Freundin deiner Mutter ist zu Besuch. Sie redet deine große Schwester mit »Sie«, dich und Mama mit »du« an. Wie reagierst du?

a) Du sagst: »Sophie ist erst 14. Sie können ruhig ›du‹ zu ihr sagen.«

b) Du fragst, warum sie dich nicht auch mit »Sie« anredet. Schließlich bist du schon 10!

c) Du schlägst vor, dass sich doch alle duzen könnten.

7.) *Keine Antwort ist richtig! Kinder spricht man immer mit »du«, Erwachsene und Jugendliche spätestens ab 18 mit »Sie« an. Kinder sollten einen Erwachsenen nicht fragen, ob sie ihn mit »du« anreden dürfen. Höflicher ist es zu warten, bis der Erwachsene selbst das »du« anbietet.*

Merke:
Der Erwachsene bietet das »du« an.

Verabschiedung

8. Dein Freund Daniel war bei dir zu Besuch. Ihr habt am Nachmittag zusammen Fußball gespielt und schaut euch nun am Abend eine Sendung im Fernsehen an. Da klingelt es an der Tür. Daniel wird von seiner Mutter abgeholt. Was machst du?

a) Du sagst: »Tschüs« und schaust weiter fern.

b) Du bringst deinen Freund zur Tür und verabschiedest ihn.

c) Du machst den Fernseher aus, sagst »Bis morgen dann« und verschwindest in dein Zimmer.

8b) *Einen Freund, der bei dir zu Besuch war, begleitest du zur Verabschiedung bis zur Tür und verabschiedest ihn dort z. B. mit einem freundlichen »Tschüs«, »Auf Wiedersehen« oder »Bis morgen«. Nicht aufzublicken, wenn der andere weggeht, oder vor dem Fernseher sitzen zu bleiben und nur ein »Tschüs« zu murmeln, ist sehr unhöflich.*

Merke:
1. *Zur Verabschiedung begleitet man den Gast bis zur Tür.*
2. *Wie bei der Begrüßung ist auch bei der Verabschiedung Blickkontakt wichtig.*

---

9. Du warst beim Zahnarzt und kannst jetzt endlich nach Hause gehen. Wie verabschiedest du dich?

a) Gar nicht, denn du kennst die Sprechstundenhilfe ja gar nicht.

b) Du sagst in den Raum, gerichtet an alle, »Auf Wiedersehen«.

c) Du reichst dem Arzt und der Sprechstundenhilfe zum Abschied die Hand.

9b) *Es genügt, wenn du in den Raum hinein »Auf Wiedersehen« sagst, gerichtet an alle. Blickkontakt nicht vergessen! Nur wenn ein Erwachsener dir die Hand gibt, reichst du ihm zum Abschied auch deine.*

Merke:
Wenn man einen Raum verlässt, verabschiedet man sich mit einem freundlichen »Auf Wiedersehen«.

Fragen und Bitten

10. Papa stellt dir eine Frage. Du hast ihn nicht verstanden. Wie reagierst du?

a) Du fragst: »Was?«

b) Du sagst: »Häh? Hast du etwas gesagt? Du sprichst echt leise!«

c) Du fragst: »Wie bitte? Ich habe dich nicht verstanden!«

10c) *Hat man etwas nicht verstanden, fragt man höflich zurück: »Wie bitte?« Die Fragewörter »Häh?« und »Was?« sollte man besser vermeiden.*

Merke:
»Wie bitte?« ist höflicher als »Was?«.

11. Gestern warst du krank. Wie bittest du Mama um den Entschuldigungsbrief?

a) »Gib doch mal flugs die Entschuldigung! Ich muss gleich weg.«

b) »Kannst du mir bitte den Entschuldigungsbrief geben?«

c) »Hast du jetzt endlich die Entschuldigung geschrieben?«

11b) *Auch Mütter sind Mitmenschen, die man höflich und rücksichtsvoll behandeln kann! Auch sie freuen sich über ein »bitte«.*

Merke:
Wenn du um etwas bittest, das »bitte« bitte nicht vergessen!

Danken

12. Deine Freundin hat dich zu ihrer Geburtstagsparty eingeladen. Es war ein schönes Fest. Wie bedankst du dich?

a) Du bedankst dich nicht. Sie muss sich für dein Geschenk bedanken.

b) Du lädst sie im nächsten Jahr zu deiner Geburtstagsfeier ein.

c) Du rufst nach der Party bei ihr an, sagst ihr, wie gut es dir gefallen hat und bedankst dich für die Einladung.

12c) *Jeder, der ein Fest veranstaltet hat, freut sich, wenn du dich per Telefon oder persönlich über die Einladung bedankst.*

Merke:
Hat dich jemand eingeladen, dir etwas geschenkt oder dir eine Gefälligkeit erwiesen, das »Danke!« bitte nicht vergessen!

Entschuldigung

13. Hoppla! Du hast aus Versehen eine Kakaotasse umgestoßen und dabei das Lieblingsbuch deiner Schwester ruiniert. Oh je! Wie entschuldigst du dich?

a) Du murmelst: »Mist! Echt Pech!«

b) Du bittest sie um Verzeihung, sagst, dass dir dein Missgeschick sehr Leid tut, und bietest ihr an, das Buch von deinem Taschengeld zu ersetzen.

c) Du sagst: »Entschuldigung! Naja, kann jedem mal passieren!«

13b) *Eine Entschuldigung soll bei dem, dem man absichtlich oder aus Versehen Schaden zugefügt hat, auch ankommen. Er muss spüren, dass es dir wirklich Leid tut. Gestehe deine Schuld ein und bitte aufrichtig um Verzeihung, auch wenn es sich nur um ein kleines »Vergehen« handelt.*

Merke:
Eine Entschuldigung muss aufrichtig sein.

Distanz

14. Du bist mit Mama beim Kinderarzt. Du bemerkst, dass eine Frau ihren Regenschirm vergessen hat. Was machst du?

a) Du tippst die Frau von hinten an die Schulter oder ziehst sie am Arm und machst sie so darauf aufmerksam, dass sie den Schirm vergessen hat.

b) Du rufst laut: »He! Sie da! Sie haben Ihren Schirm vergessen.«

c) Du folgst ihr mit Schirm, schaust ihr ins Gesicht und sagst: »Entschuldigung, Sie haben Ihren Schirm vergessen!«

14c) *Du bist sehr zuvorkommend, wenn du die Frau darauf aufmerksam machst, dass sie den Schirm vergessen hat. Fremde berührt man aber besser nicht. Man tippt sie nicht an und zieht sie erst recht nicht am Arm. Auch ein lautes »He, Sie da!« ist nicht besonders höflich.*

Merke:

Fremden gegenüber wahrt man Distanz. Man berührt sie nicht.

Im Gespräch

15. Deine große Schwester trifft sich mit ihren Freundinnen. Sie sitzen auf der Terrasse und trinken Limonade. Sie unterhalten sich angeregt und kichern. Du stehst daneben und willst auch mitreden. Sie scheinen dich aber gar nicht zu beachten. Wie machst du dich bemerkbar?

a) Du fragst neugierig: »Wen hat Daniela geknutscht?«

b) Du fällst den Mädchen ins Wort und sagst selbstbewusst: »Ich war auch schon in den Tropen.«

c) Du sagst: »Bis später dann. Ich geh in mein Zimmer.«

15c) *Wenn sich andere unterhalten, versuche erst einmal herauszufinden, ob du störst oder ob es erwünscht ist, dass du dich am Gespräch beteiligst. Am besten wartest du eine Gesprächspause ab, bevor du dich in die Unterhaltung einmischst. Anderen ins Wort zu fallen oder neugierige Fragen zu stellen, ist unhöflich. Wenn du spürst, das die Teilnehmer einer Gesprächsrunde private Dinge zu bereden haben, ziehst du dich am besten taktvoll zurück.*

Merke:

Es ist aufdringlich und taktlos, anderen ins Wort zu fallen und sich unaufgefordert in ein Gespräch zu mischen.

Taktgefühl

16. Papa hat einen alten Freund eingeladen. Er ist Künstler. Welche Frage hört er vielleicht nicht so gern?

a) Malen Sie am liebsten mit Ölfarben oder lieber mit Aquarellfarben?

b) Wie teuer sind eigentlich ihre Bilder?

c) Warum malen Sie nur Porträts und keine Landschaften?

16b) *Über Krankheiten, Geld und Geldprobleme sprechen Erwachsene nicht gern in der Öffentlichkeit. Deshalb ist es taktlos, einen Künstler zu fragen, wie oft er ein Bild verkauft und wie viel er verdient.*

Merke:

1. *Takt kennt die Wahrheit, spricht sie aber nicht aus.*

2. *Fragen nach Geld sind unhöflich.*

Rücksicht

17. Wo ist Mama? Sie soll dir doch bei deinen Mathe-Hausaufgaben helfen! Die Tür zu ihrem Zimmer ist geschlossen.
Was machst du?

a) Du reißt die Tür auf und rufst empört: »Mama, wo steckst du denn?«

b) Du klopfst an und wartest.

c) Du fragst: »Mama, darf ich mal reinkommen? Ich verstehe die Matheaufgabe nicht.«

17b) und **c)** *Eine geschlossene Tür ohne Ankündigung zu öffnen, ist unhöflich und rücksichtslos. Ist die Tür eines Raums geschlossen, klopft man an und wartet ab, bis ein »Herein« ertönt. Erst dann öffnet man die Tür und tritt ein. Klopft man in einem Amt während der offiziellen Sprechzeit an, muss man aber nicht auf das »Herein« warten. Das Klopfen soll in diesem Ausnahmefall signalisieren, dass jetzt gleich jemand eintritt. In ihrer eigenen Privatwohnung können die Familienmitglieder untereinander natürlich selbst festlegen, ob sie das Anklopfen für erforderlich halten oder lieber an der Tür nachfragen: Darf ich hereinkommen?*

Merke:

Ist die Tür eines Raums geschlossen, klopft man an der Tür und wartet, bis ein »Herein« ertönt.

Pünktlichkeit

18. Du bist mit deinem Freund im Kino verabredet. Der Film fängt gleich an. Du hast beide Eintrittskarten in der Hosentasche und dein Freund ist immer noch nicht da. Wie reagierst du?

a) Du wartest auf ihn und hältst ihm dann eine Strafpredigt. Die ersten 25 Minuten des Films habt ihr nun versäumt.

b) Du legst seine Karte mit einem Vermerk am Kartenschalter zurück und setzt dich an deinen Platz. Wenn dein Freund später nachkommt, sprichst du seine Unpünktlichkeit gar nicht mehr an, sondern genießt ganz einfach den Film.

c) Du gibst eine Karte wieder zurück und setzt dich allein ins Kino. Wenn du deinen Freund das nächste Mal wieder triffst, sagst du ihm gehörig die Meinung.

18b) *Wer sich an Termine und Absprachen hält, gilt als verlässlich. Wer zu spät kommt, signalisiert dem Wartenden, dass er nicht wichtig ist. Jeder Unpünktliche benimmt sich deshalb grob unhöflich. Doch wenn du dem Unpünktlichen eine Standpauke hältst, benimmst du dich selbst auch nicht besser.*

Merke:
Unpünktlichkeit ist unhöflich.

19. Du bist mit deiner Schwester im Café verabredet. Du hast getrödelt und kommst über eine halbe Stunde zu spät. Wie erklärst du deine Unpünktlichkeit?

a) Du sagst, dass du die Zeit einfach vergessen hast und dass dir deine Unpünktlichkeit sehr Leid tut. Zum Trost spendierst du ihr ein Eis.

b) Du erfindest eine Notlüge und behauptest, dass du am Telefon aufgehalten worden bist.

c) Du sagst: »Was regst du dich so auf? Es ist doch noch gar nicht so spät!«

19a) *Wer sich für seine Unpünktlichkeit nicht aufrichtig entschuldigt, ist sehr unhöflich. Notlügen als Entschuldigung sind überflüssig und dumm, denn sie können dazu führen, dass man dir nicht mehr vertraut!*

Merke:
1. *Wer zu spät kommt, hat sich für seine Unpünktlichkeit aufrichtig zu entschuldigen.*
2. *Notlügen können Vertrauen zerstören.*

Am Telefon

20. Das Telefon bei dir zu Hause klingelt. Du nimmst den Hörer ab. Wie meldest du dich?

a) Mit deinen Vor- und Nachnamen (z. B. Julia Müller)

b) Du sagst »Hallo«.

c) Du nennst eure Telefonnummer.

20a) *In vielen Ländern meldet sich der Angerufene mit »Hallo« am Telefon. In Deutschland melden sich nicht nur Kinder, sondern auch Erwachsene mit Vor- und Nachnamen, dann erst nennt der Anrufer seinen Namen und sein Anliegen.*

Merke:
Am Telefon meldet man sich mit Vor- und Nachnamen.

21. Du liegst im Bett. Plötzlich fällt dir ein, dass du vergessen hast, deine Freundin nach der Hausaufgabe in Englisch zu fragen. Und morgen schreibt ihr einen Test! Es ist 22 Uhr. Was machst du?
a) Du rufst deine Freundin an.
b) Du verzichtest auf den Anruf, um nicht nach 20 Uhr zu stören.
c) Du rufst am nächsten Tag um 6 Uhr an.

21b) *Abends sind die meisten Menschen müde und wollen sich ausruhen, frühmorgens wollen viele noch ausschlafen, mittags halten manche ein Mittagsschläfchen. In einem Privathaushalt sollte man deshalb am besten vormittags zwischen 9.30 und 12.30 Uhr, nachmittags zwischen 15 und 20 Uhr anrufen, am Wochenende sollte man morgens möglichst nicht vor 11 Uhr anrufen. Nur in Notfällen, bei ausdrücklicher Erlaubnis oder wenn die angerufene Person einen Nutzen davon hat, kann man nach 20 Uhr oder morgens vor 9.30 Uhr anrufen.*

Merke:
Nach 20 Uhr, vor 9.30 Uhr und sonntags vor 11 Uhr nur in Ausnahmefällen in Privathaushalten anrufen.

---

22. Du bist allein zu Hause. Das Telefon klingelt. Ein Kollege deiner Mutter möchte gern eine Nachricht hinterlassen. Was machst du?
a) Du merkst dir die Nachricht und hoffst, dass du sie nicht vergisst.
b) Du schreibst alles auf und legst den Zettel an einen Platz, wo er von deiner Mutter nicht übersehen werden kann.
c) Du bittest den Kollegen, später noch einmal anzurufen.

22b) *Bittet dich ein Anrufer, an deine Eltern eine Nachricht weiterzuleiten, solltest du das auch zuverlässig tun. Schreib die Nachricht auf einen Zettel und lege ihn unübersehbar an einen Platz, den deine Eltern regelmäßig aufsuchen (z. B. Telefonablage, Ess- oder Schreibtisch).*

Merke:
Nachrichten am Telefon nimmt man auf und leitet sie zuverlässig weiter.

Gähnen, Niesen & Co.

23. Wie gähnst du?
a) Mit vornehm zusammengekniffenem Mund, denn man soll schließlich deine Zahnspange nicht sehen.
b) Mit vorgehaltener Hand.
c) Selbstbewusst, offen und ungeniert, denn du hast schöne weiße Zähne.

23b) *Wer beim Gähnen den Mund aufreißt wie ein Löwe, verbessert zwar die Sauerstoffzufuhr, bietet aber seinen Mitmenschen nicht immer einen angenehmen Anblick!*

Merke:
In Anwesenheit anderer Personen beim Gähnen die Hand vor den Mund halten!

24. Dein Freund Daniel muss niesen. Jule ruft: »Gesundheit!« Was machst du?

a) Du sagst: »Gesundheit!«

b) Du schweigst taktvoll und überhörst das Niesen.

c) Du sagst: »Ganz schön erkältet, was?«

24b) *Früher galt es als höflich, »Gesundheit« zu sagen, wenn jemand nieste. Das hat sich inzwischen geändert. Heute werden unfreiwillige Körpergeräusche grundsätzlich ohne Kommentar taktvoll überhört. Allergikern, die alle fünf Minuten niesen, kann man ja auch kaum zumuten, ständig »Gesundheit« zu hören. Wenn du Freunden oder Familienmitgliedern »Gesundheit« wünschst oder Anteil nehmend fragst, ob der Niesende erkältet ist, wird sich aber sicher keiner über dich aufregen.*

Merke:

Unfreiwillige Körpergeräusche wie z.B. das Niesen überhört man taktvoll.

---

25. Du triffst dich mit deiner Clique im Park. Du bist stark erkältet. Ein Hustenreiz überfällt dich unerwartet. Wie reagierst du?

a) Du rennst hustend auf das nächste Klo.

b) Du bleibst stehen, wartest bist der Hustenanfall vorüber ist, und sagst: »Sorry.«

c) Du wendest dich von den anderen rasch ab und hustest in dein Taschentuch oder wenigstens in die vorgehaltene Hand.

25c) *Ein »Sorry« reicht bei einem Hustenanfall leider nicht aus. Beim Husten gelangen nämlich unsichtbare Krankheitserreger in winzigen Tröpfchen in die Luft und werden von den Umstehenden eingeatmet. Am nächsten Tag sind die anderen krank. Um dies zu vermeiden und die anderen vor Ansteckung zu schützen, wende dich kurz ab und huste in ein Taschentuch oder in die vorgehaltene Hand. Und warum bleibst du nicht einfach zu Hause, bis deine Erkältung auskuriert ist?*

Merke:

Man hustet in ein Taschentuch und in die vorgehaltene Hand.

Im Internet

26. Du surfst im Internet und landest in einem Chatroom für Kinder. Ist es üblich, deine Telefonnummer, deine Adresse und deine E-Mail-Adresse zu hinterlassen?
a) Nein.
b) Ja.
c) Man kann, muss aber nicht.

26a) *In Chatrooms hinterlässt man aus Sicherheitsgründen weder Adresse und Telefonnummer noch E-Mail-Adresse. So schützt man sich am besten vor unliebsamer Kontaktaufnahme.*

Merke:
In Chatrooms hinterlässt man Adresse, Telefonnummer und E-Mail-Adresse nicht.

4. Tischmanieren

Der Esstisch ist ein Treffpunkt

Das Essen scheint uns immer dann besonders gut zu schmecken, wenn wir unsere Mahlzeiten gemeinsam mit der Familie, mit Freunden und Bekannten einnehmen. Nichts vertreibt schlechte Laune nach einem anstrengenden Schultag besser als Spaghetti mit Tomatensoße, die man gemeinsam mit seinem besten Freund verspeist. Oder? Und eine Riesengaudi mit viel Gelächter hat die ganze Familie, wenn Omas und Opas, Onkel und Tanten, Vettern und Kusinen, Freunde und Bekannte zum Abendessen eingeladen sind. Kurzum: Es macht einfach keinen Spaß, ganz allein am Tisch zu sitzen und ohne Unterhaltung seine Suppe auszulöffeln. Du gehörst doch nicht etwa zu den Kindern, die sich noch vor dem Abendessen heimlich aus dem Kühlschrank bedienen, vor den Fernseher schleichen und dort begleitet vom Geschnatter japanischer Trickfilmfiguren kalte Bratkartoffeln oder ein Joghurt vertilgen? Hoffentlich nicht! Denn das solltest du dir schnell wieder abgewöhnen! Mahlzeiten sind nämlich nicht allein dazu da, den Hunger zu stillen. Der Esstisch ist nicht nur ein Platz, auf dem mit Nahrung gefüllte Schüsseln abgelegt werden, aus denen man sich bedient. Er ist vielmehr ein Treffpunkt. Ein Ort, an dem man sich versammelt, um gemeinsam eine Mahlzeit einzunehmen und sich dabei zu unterhalten.

Sag mir, wie du isst, und ich sage dir, was du bist
Jean Anthelme Brillat-Savarin

Das Gedeck

Mama hat Freunde zum Abendessen eingeladen. Das Essen ist schon fast fertig. Mhm, das riecht ja lecker! Willst du nicht schon mal helfen, den Tisch zu decken? Jede Person, die mitisst, braucht ein Gedeck aus Tellern, Gläsern, Besteck und Serviette. Weißt du, wie man die Einzelteile sinnvoll legt? Es ist ganz einfach! Der Platzteller ist eigentlich nur zur Dekoration da. Man kann im Grunde auch auf ihn verzichten. Aber er sieht sehr schön aus. Zuerst steht auf dem Platzteller der Vorspeisenteller. Ist die Vorspeise aufgegessen, räumt man den Vorspeisenteller ab, und falls es eine Suppe gibt, stellt man stattdessen den Suppenteller auf den Platzteller. Wenn nicht, ist der Teller für das nächste Gericht an der Reihe. Links vom Platzteller steht der Brotteller mit dem Brotmesser, wenn zur Vorspeise auch Brot gereicht wird. Ist die Vorspeise aufgegessen, räumt man den Brotteller ab und stellt an seinen Platz den Salatteller. Man kann ihn aber auch wie in Frankreich und in vielen Restaurants üblich, bis nach dem Hauptgang stehen lassen. Ist das Hauptgericht verspeist, räumt man alle Teller (auch den Platzteller) ab. Das Dessert wird ohne Platzteller serviert.

Gläser werden rechts oben abgestellt. Das Wasserglas steht ganz außen rechts oder oberhalb des Tellers links. Das Glas, das zuerst benutzt wird, steht dem Gast am nächsten. Bei Erwachsenen ist das das Glas für den Aperitif. Es folgt das Weißweinglas, das Rotweinglas und zum Schluss das Sektglas. So wie auf der Zeichnung! Das Nachtischbesteck liegt oben quer über dem Teller. Der Griff der Gabel zeigt nach links, der des Löffels nach rechts. Bei mehrgängigen Menus liegen rechts alle Messer und links alle Gabeln. Beim Essen arbeitet man sich von außen nach innen vor. Ganz rechts außen liegt das Vorspeisenmesser. Es ist kleiner als das normale Messer. In der Mitte das Fischmesser mit der stumpfen Schneide und innen das Fleischmesser. Den Suppenlöffel legt man rechts von Gabel und Messer oder auf die Suppenuntertasse. Die Serviette legt man auf den Vorspeisenteller oder links daneben. Jetzt sieht der Tisch aber schön aus! Man kann dich ja glatt in einem Restaurant anstellen!

Warum gibt es Essvorschriften?

»Bitte zu Tisch!«, ruft Papa. Während die Gäste Platz nehmen, helfen die Kinder beim Auftragen der Schüsseln und Platten. Sitzen alle am Tisch, sagt Mama: »Greift zu! Bedient euch!« und reicht die Schüsseln reihum. Heute gibt es keine Vorspeise, aber Suppe. Mhm, schmeckt die köstlich! Alle haben gute Laune. Sind Mama und Papa zufrieden mit deinen Tischmanieren? Du erinnerst dich bestimmt an ihre Ermahnungen:

- Sitz gerade!
- Nimm die Ellbogen vom Tisch!
- Man beginnt erst dann zu essen, wenn alle etwas auf dem Teller haben.
- Man häufelt sich keine Riesenportion auf den Teller!
- Iss mit Messer und Gabel!
- Führ die Gabel zum Mund und nicht den Mund zum Teller.
- Bitte nicht schlürfen!
- Was schmatzt du denn so?
- Dein Ärmel ist keine Serviette!
- Man steht erst auf, wenn alle mit dem Essen fertig sind.

Eltern lieben diese Sätze! Warum wohl halten sie es für ihre Pflicht, ihren Kindern vorzuschreiben, wie sie sich am Tisch zu benehmen haben? Warum braucht man Regelungen, auf welche Art und Weise die vorgesetzte Nahrung zu verspeisen ist? Essen ist ja im Grunde ein simpler Vorgang. Es werden dabei gekochte oder rohe Lebensmittel zerkleinert, in den Mund befördert, gekaut und geschluckt. Man stellt sich das einfach vor, doch es ist kaum zu glauben, was man dabei alles falsch machen kann!

Schon gewusst? – Geschichte der Tischmanieren

Im Mittelalter bis ins 17. Jahrhundert aß man zunächst mit der ganzen Hand. Fettige Finger wischte man sich einfach an der Kleidung ab. Den Trinkbecher teilte man oft mit seinem Nebenmann. Teller kannte man noch nicht, es gab lediglich Vertiefungen im Tisch.

Für Suppe, Brei und zum Schneiden zum Fleisch nutzte man seinen eigenen Löffel und ein Messer, die man stets in einem Beutel oder in der Hosentasche mit sich herumtrug. Die Gabel, die man für ein Werkzeug des Teufels hielt, setzte sich als Esswerkzeug erst später durch. Im 17. Jahrhundert erließ Ludwig XIV. das Gesetz, keine spitzen Messer für das Tafelbesteck mehr herzustellen. Mord und Totschlag bei Tisch waren nämlich früher gar nicht so selten! Die abgerundeten Messer haben wir bis heute beibehalten.

Die Mahlzeiten bei Hofe waren streng geregelt. Im geschmückten Festsaal versammelte sich der König mit seiner Familie. Die Gäste durften nur einer bestimmten Sitzordnung entsprechend Platz nehmen. Eine Seite des Tischs blieb frei für die Bedienung. Sie hielten Schalen zum Händewaschen bereit, zündeten Kerzen an, trugen nach festgelegten Ritualen Speisen und Getränke auf. Musiker, Spielleute und Gaukler sorgten beim Essen für Unterhaltung. Im Lauf der Zeit bildeten sich nicht nur bei Hofe, sondern auch bei den Bürgern Regeln für das Benehmen bei Tisch heraus. Im Mittelalter war ein Stubenmeister dafür verantwortlich, dass die Tischsitten eingehalten wurden. Strengstens verboten war es, zu schmatzen, zu erbrechen, den Mund am Tischtuch abzuwischen, das Messer zu zücken, über den Tisch zu greifen, zu fluchen oder aus der Kanne zu trinken.

Es schmeckt besser, wenn alle appetitlich essen

Selbstverständlich könnte man auch heute noch fast alle Gerichte, sogar das von Soße triefende Hühnerbein, locker mit den Fingern essen. Man kleckert dann eben ein bisschen, verschmiert Hände, Mund und Wasserglas. »Na und?«, sagt unser Freund Kevin. »Ich habe Hunger. Mein Magen will gefüllt werden, und Hauptsache, mir schmeckts.« Wie es die anderen, die mit ihm am Tisch sitzen, empfinden, wenn er kleckert, schmiert, laute Schmatz-, Schlürf- und Rülpsgeräusche von sich gibt, scheint ihm gleichgültig zu sein. Er benimmt sich fast genauso wie ein Baby, das mit dem Essen spielt. Babys müssen die Nahrung noch erforschen, ertasten und ausprobieren, was ihnen schmeckt. Tischmanieren kann man von ihnen nicht erwarten. Aber wenn Zehnjährige ihr Essen wie ein Hund hineinschaufeln, mit offenem Mund kauen oder gar laut rülpsen, vergeht dann nicht auch dir der Appetit? Wie unappetitlich wäre es, wenn alle sich bei Tisch so benehmen würden! Halten wir also zwei Dinge fest:

1. Eltern liegen gar nicht so falsch, wenn sie darauf bestehen, dass beim Essen bestimmte Regeln eingehalten werden.
2. Es schmeckt besser, wenn alle appetitlich essen.

Mit vollem Munde spricht man nicht

Früher verlangte man von artigen Kindern, bei Tisch den Mund zu halten und nur auf Fragen zu antworten. Stumm und steif saßen sie da. Wie langweilig! Heute dürfen sich Kinder ruhig am Gespräch beteiligen, wenn sie Lust dazu und etwas zu sagen haben. Doch warte auf eine Sprechpause, bevor du anfängst zu reden. Vielleicht beschließt du, nicht gerade dann deine Stimme zu erheben, wenn dein Mund voll mit Kartoffeln ist. Schluck erst mal runter und denk dabei nach, was du sagen und welche Fragen du stellen könntest. Vermeide Themen, die den anderen den Appetit oder die Laune verderben könnten. Verkneif dir die Horrorstory von Daniels Eiterbeule, erzähle nicht, wie Mama sich die Beine enthaart, und frage Onkel Toni nicht, ob er noch immer Blähungen und Probleme mit dem Darm hat. Auch die Lebensgeschichte der Digimons von Planetarien wird vielleicht nicht jeden am Tisch interessieren. Sprich nicht zu laut und falle niemandem ins Wort. Sei taktvoll und verzichte auf altkluge Belehrungen oder Besserwisserei. Du musst Opa nicht vor der ganzen Tischrunde lautstark auf die Nase binden, dass er von Fußball keine blasse Ahnung hat. Auch Tuscheln und Kichern schafft keine gute Stimmung in der Tischrunde, da die anderen Gäste von der Unterhaltung ausgeschlossen werden und nicht wissen, worüber geredet und gelacht wird. Und quengeln dürfen nur Babys, auch wenn dich die Themen der Erwachsenen ziemlich langweilen! Sind alle mit dem Essen fertig, kannst du deine Eltern fragen, ob du schon aufstehen darfst. Sie haben bestimmt nichts dagegen, wenn du dich in dein Zimmer zurückziehst oder dir im Garten ein bisschen Bewegung verschaffst, während sich die Erwachsenen beim Kaffee noch unterhalten.

Im Restaurant

Allein zu Hause in seinem Kämmerlein kann jeder essen, wie er mag. Er muss nicht Rücksicht nehmen auf andere, die an seiner Art, Speisen zu vertilgen, Anstoß nehmen könnten. Im Restaurant ist das anders. Hier sind wir Gast und haben uns an die Konventionen zu halten. Das gilt für Erwachsene ebenso wie für Kinder. Stürme nicht ins Lokal wie ein Eroberer. Besetze nicht den größten Tisch wie feindliches Land. Lass deine Eltern vorausgehen und warte, bis man euch einen Tisch zuweist. In vielen Restaurants begrüßt ein Oberkellner oder eine Empfangsdame die Gäste und leitet sie an ihren Platz. Streite nicht mit deiner Schwester um den besten Sitzplatz und achte darauf, die anderen Gäste nicht zu stören. Restaurants eignen sich nicht für sportliche Aktivitäten, Stühle nicht zum Wippen, Esstische nicht zum Klettern. Salz- und Pfefferstreuer, Aschenbecher, Blumenvasen, Servietten und Speisekarten sollte man nicht zweckentfremden und zum Spielen missbrauchen. Kreischen, toben, Fangen spielen, quengeln ist im Restaurant ebenso verboten wie pupsen, in Körperöffnungen popeln, im Schritt oder anderen Körperteilen zu kratzen, zwischen den Zähnen zu pulen oder mit Essensresten zu spielen. Auch um geräuschvoll zu schnäuzen, die Haare zu kämmen oder die Fingernägel zu reinigen, gibt es geeignetere Orte als den Esstisch.

Die Bestecksprache

Oh, der Kellner bringt die Speise- und die Getränkekarte. Auf was hast du Appetit? Such dir ein leckeres Menü aus, denn gleich nimmt er die Bestellung auf. Man spricht ihn und das gesamte Restaurantfachpersonal mit Namen an, wenn man ihn persönlich kennt oder wenn sie, wie inzwischen in vielen guten Restaurants üblich, ein Namensschild tragen. (»Herr Becker, könnten Sie mir die Dessertkarte bringen?«) Auch »Herr Ober« ist noch immer eine gebräuchliche Anrede. (»Herr Ober, wir hätten gern die Rechnung.«) Wie man das weibliche Restaurantfachpersonal anspricht, wenn man den Namen nicht kennt, darüber sind sich die Benimmexperten aber noch immer nicht einig. Die Anrede »Frau Ober« hat sich nicht durchgesetzt. Am besten macht man die Bedienung mit Blickkontakt, einem kleinen Wink (bis Schulterhöhe) oder einem freundlichen »Bitte« oder »Hallo« auf sich aufmerksam. Laut durch den Raum zu rufen oder mit den Fingern zu schnipsen, sollte man jedoch unbedingt vermeiden.

Speisen servieren Kellner und Bedienungen von links, Getränke schenken sie von rechts ein. Sie servieren, tranchieren und richten die Speisen appetitlich auf den Tellern an. Sie kennen sich aus mit Tischmanieren und beherrschen die Bestecksprache perfekt. Du auch?

Wenn ein Gast das Besteck parallel auf den Teller und die gebrauchte Serviette auf den Tisch legt, weiß der Kellner, dass die Mahlzeit beendet ist und er das schmutzige Geschirr abräumen kann.

Liegt das Besteck gekreuzt auf dem Teller, nimmt der Kellner an, dass der Gast die Mahlzeit kurz unterbrochen hat.

Hat man die Mahlzeit beendet, legt man die Besteckteile von Vorspeisen, Suppen und Nachtisch auf den Unterteller ab. Löffel lässt man nicht in der Suppentasse oder im Eisbecher stehen. Das Buttermesser bleibt auf dem Brotteller liegen.

Wie isst man was?
Schwierige Gerichte von A bis Z

Apfel

Ja, auch der Apfel kann zu den schwierigen Gerichten gehören, wenn er zum Nachtisch im Restaurant serviert wird. Nimmt man ihn nun einfach in die Hand und beißt hinein? Im festlichen Rahmen natürlich nicht. Der Kellner hat nämlich nicht ohne Grund einen Teller und Besteck dazu serviert. Man schneidet den Apfel mit Messer und Gabel in vier Stücke, spießt ein Viertel auf die Gabel und entfernt Schale und Kernhaus. Dann schneidet man das geschälte Viertel in mundgerechte Stücke.

Artischocken

Artischocken werden meist gekocht mit einer Soße serviert. Die Blätter zupft man von außen nach innen ab, stippt sie in die Soße und zieht mit den Zähnen bei fast geschlossenem Mund das Fruchtfleisch ab. Möglichst ohne Schmatzgeräusche! Den harten Rest des abgelutschten Blatts legt man auf einem bereitgestellten Teller ab. So arbeitet man sich allmählich bis zum Artischockenboden mit dem so genannten Heu vor. Bevor man das Heu mit Messer und Gabel entfernt und an den Tellerrand legt, reinigt man sich die Hände in der Fingerschale. Den wohlschmeckenden Boden verzehrt man mit Messer und Gabel.

Austern

Austern sind Muscheln, die roh mit der Hand gegessen werden. Meist werden die Austern bereits geöffnet und abgelöst serviert. Wenn die geöffnete Auster noch im unteren Schalenteil haftet, nutzt man die Austerngabel und trennt mit ihrer Schneideseite das Fleisch von der Schale ab. Dann beträufelt man das Muschelfleisch mit Zitronensaft oder Tabasco, führt die Schale an den Mund und schlürft das Fleisch. Leere Muschelschalen legt man auf den Abfallteller. Die Finger reinigt man anschließend mit dem Wasser aus der Fingerschale (vgl. S. 59).

Avocados

Meist sind Avocados halbiert und mit pikanter Creme oder Krabben gefüllt. Man löffelt sie aus und hält die Schale mit der Hand oder der Gabel fest.

Banane

Die geschälte Banane nimmt man nicht in die Hand und beißt davon ab, sondern man isst sie auf dem Dessertteller mit Messer und Gabel. Bananen mit Schale werden im guten Restaurant meist nicht serviert, um dem Gast das Schälen zu ersparen.

Birnen

Harte Birnen isst man wie einen Apfel. Reife, saftige Birnen verzehrt man am besten mit Obstmesser und Gabel. Man stellt die Birne senkrecht auf den Teller, schält von oben nach unten und schneidet das Fleisch von allen Seiten in kleinen Stücken ab.

Dips

Dips sind würzige Cremes oder Soßen, in die man Fleisch oder rohe Karotten oder andere Gemüsestücke stippt. Steht nur ein Dippgefäß zur Verfügung, bitte nur einmal stippen und aufessen. Hast du Appetit auf mehrere Portionen, nimmst du dir von der Creme etwas auf deinen Teller, dann kannst du mehr als einmal dippen.

Eier

Weich gekochte Eier mit Schale, die zum Frühstück serviert werden, klopfte man früher mit dem Eierlöffel auf und pellte sie ab. Heute darf man sie auch mit dem Messer köpfen. Das Ei bleibt in beiden Fällen im Becher! Rühreier isst man mit der Gabel. Werden sie mit Speck oder Schinken serviert, verspeist man sie mit Messer und Gabel wie Spiegeleier.

Feigen

Feigen werden der Länge nach halbiert und dann ausgelöffelt.

Fisch

Fisch mit zartem Fleisch, das man zerteilen kann, isst man mit Fischbesteck, nur ersatzweise mit Messer und Gabel. Bitte den Ober, dir das Fleisch zu filetieren, wenn der Fisch als Ganzes serviert wird. Gräten sollte man nicht mit dem Finger aus dem Mund fuseln, sondern vorsichtig mit der Zunge auf die Gabel schieben und auf den Tellerrand legen. Bei der gebratenen Forelle isst man die Haut mit, bei gekochter Forelle (Forelle blau) wird sie entfernt. Rollmöpse, Matjesheringe, Räucherlachs und Aal isst man nicht mit Fischbesteck, sondern mit Messer und Gabel.

Fondue

Käse- oder Fleischfondue wird aus einem Topf gegessen. Mit einer Fonduegabel, die man neben dem Besteck auf seinem Teller vorfindet, spießt man Brotstücke auf und stippt sie in die köchelnde Brühe. Beim Fleischfondue bleibt das aufgespießte Stück für kurze Zeit in der Brühe. Dann nimmt man die Fonduegabel heraus, streift den Happen auf seinem Teller ab und isst ihn mit Messer und Gabel. Die Fonduegabel legt man zur Seite. Dann spießt man mit ihr wieder etwas auf und stippt in den Fonduetopf. Zum Essen wird die Fonduegabel also nicht benutzt!

Französische Zwiebelsuppe

Auf der Suppe schwimmt geröstetes Weißbrot. Man bestreut es mit Parmesan. Die Suppe löffelt man mit der rechten Hand. In der linken hält man eine Gabel, mit der man das Weißbrot in kleine Stücke zerteilt.

Garnelen (Scampi)

Garnelen gehören zu den Fingergerichten, das heißt, man darf sie mit der Hand essen. Wenn man sich die Finger nicht verschmieren möchte, kann man sie auch mit Messer und Gabel essen. Zuerst trennt man den Kopf ab. Dann schiebt man mit dem Messer den Panzer zur Seite und löst das Fleisch heraus. Isst man die Garnelen mit der Hand, hält man (als Rechtshänder) mit der linken den Kopf fest, mit der rechten den Schwanz. Dann biegt man das Schwanzende, sodass der Rückenpanzer bricht, und löst das Fleisch aus.

Gebäck

Trockenes und hartes, knuspriges Gebäck darf man mit der Hand essen. Weiche Kuchen und cremige Torten isst man mit der Kuchengabel.

Geflügel

Hühnchen, Pute, Gans und Ente isst man im Restaurant grundsätzlich mit Messer und Gabel. Eine Ausnahme sind Wachteln. Sie werden mit den Fingern gegessen und manierlich abgenagt. Im Bierzelt, in der Hühnerbraterei, in der Imbissbude oder im Biergarten kann man auch Hähnchenschenkel in die Hand nehmen. Auch wenn auf Stehpartys Hühnerbeinchen mit weißer Papiermanschette als Fingerfood serviert werden, darfst du mit der Hand zugreifen und das Fleisch appetitlich abnagen. Knochen legt man auf den Abfallteller.

Hummer

Beim Hummer isst man das Fleisch von Beinen, Scheren und Schwanz. Der Hummerkörper wandert auf den Abfallteller. Hummer wird meist halbiert oder ausgelöst serviert, sodass man das Schwanzfleisch mit Messer und Gabel essen kann. Mit der Hummergabel, die man mit der rechten Hand hält, holt man das Fleisch aus den aufgeknackten Scheren oder dem Schwanz heraus. Wird Hummer in der Schale serviert, darf man ihn mit den Händen essen. Man fasst das Tier mit der linken Hand und bricht Beine und Scheren ab. Klappt das nicht, benutzt man die Hummerzange. Das Fleisch wird mit der Hummergabel herausgezogen oder ausgelutscht. Die Finger reinigt man mit dem Wasser der Fingerschale. Zum Hummer gibt es meist Weißbrot, Butter, Zitrone, Mayonnaise und Salz.

Kartoffelknödel

Kartoffelknödel kann man mit Messer und Gabel essen. Ist ein Knödel nicht zu hart, reicht die Gabel. Wenn man die Knödel nur mit der Gabel zerteilt, wird die Soße besser aufgenommen.

Kaviar

Kaviar sind Fischeier (von Stör, Forelle oder Lachs), die meist in einem eisgekühlten Schälchen serviert werden. Man löffelt sich ein kleine Portion auf den Vorspeisenteller und isst sie mit einem Perlmuttlöffelchen, ersatzweise mit der Vorspeisengabel. Dazu schmeckt Toast, der in mundgerechte Stücke gebrochen, portionsweise mit Butter bestrichen und zum Mund geführt wird. Kaviar mit Pellkartoffeln oder Reibekuchen verspeist man mit der Gabel.

Kirschen

Kirschen isst man mit der Hand. Den Kern schiebt man mit der Zunge auf die Kuhle der zur Faust geballten Hand und legt ihn diskret auf den Teller.

Kiwis

Weiche Kiwis werden halbiert und ausgelöffelt. Harte Kiwis schält man und schneidet sie in mundgerechte Stücke.

Krebse

Als Hauptgericht werden gekochte Krebse nicht halbiert, sondern im Ganzen mit Schale serviert. Meist wird eine rote Serviette gedeckt, die man sich um den Hals bindet, denn Krebssaft färbt stark. Die Fingerschale zeigt an, dass du mit den Fingern essen darfst. Man nimmt den Krebs in die Hand und bricht ihm den Schwanz ab, indem man ihn nach oben biegt und leicht dreht. Meist rutscht dabei das Fleisch heraus. Oft muss man außerdem mit dem Krebsmesser den Krebspanzer aufschneiden, um das Fleisch herauszulösen. Beine und Scherenspitzen knackt man, indem man sie durch das Loch im Krebsmesser schiebt und abknickt. Dann lutscht man Fleisch und Saft heraus. Krebse ohne Schale, die als Vorspeise mit Soßen serviert werden, isst man mit der Vorspeisengabel. Zu Krebsen wird meist Toast oder Weißbrot mit Butter serviert.

Lammkoteletts

Lammkoteletts isst man im Restaurant mit Messer und Gabel. Im Bierzelt, in der Imbissbude oder im Biergarten kann man Lammkoteletts auch in die Hand nehmen und abnagen.

Langusten

Das Schwanzfleisch aus halbierten Langusten wird mit der Gabel aus der Schale gelöst und mit Messer und Gabel gegessen.

Mandarinen/Orangen

Mandarinen schält man, indem man sie mit dem Dessertmesser einritzt und Spalte für Spalte abzieht. Im guten Restaurant werden Mandarinen aber meist schon geschält serviert. Das Fruchtfleisch isst man mit Dessertgabel und -messer.

Mangos

Mangos schneidet man der Länge nach in Spalten und löst sie vom Stein. Die Scheiben werden geschält und das Fruchtfleisch mit Messer und Gabel gegessen.

Melonen

Melonen, die in Spalten serviert werden, isst man mit Messer und Gabel.

Miesmuscheln

Miesmuscheln isst man mit den Fingern. Man benutzt ein leeres Muschelschalenpaar als Zange und löst damit das Muschelfleisch aus der Schale. Die Schalen legt man auf einen Abfallteller.

Oliven

Oliven isst man mit der Gabel. Die Kerne legt man mit der Zunge auf die Gabel zurück und befördert sie unauffällig an den Tellerrand.

Omeletts

Das Omelett und einfache Pfannkuchen (ohne Füllung oder Belag) zerteilt man mit der Gabel. Mit Apfel oder Speck belegte Pfannkuchen isst man dagegen mit Messer und Gabel.

Pizza

Pizza, vor allem wenn sie reich belegt ist, wird im guten Restaurant mit Messer und Gabel gegessen. Wenn eine Pizza Margherita wie eine Torte in Spalten geschnitten ist, darfst du sie im Biergarten oder auf der Party auch in die Hand nehmen und wie ein Stück Kuchen essen.

Salat

Salat isst man mit Messer und Gabel. Salatblätter, Tomaten, Gurken etc. darf man schneiden.

Schnecken

Das heiß servierte Schneckenhaus wird mit der Schneckenzange in der linken Hand festgehalten. Dann kippt man die heiße Butter aus dem Gehäuse in den dafür vorgesehenen großen Löffel und löst nun mit der Schneckengabel in der rechten Hand das Fleisch aus dem Gehäuse. Die heiße Kräuterbutter darf man mit Brotstückchen aufstippen.

Spareribs

Spareribs isst man mit den Fingern. Man knabbert das Fleisch einfach ab. Nach dem Essen reinigt man die Finger in der Fingerschale oder mit heißen Tüchern.

Spargel

Spargel darf man wie Fleisch Stück für Stück mit Messer und Gabel zerschneiden und essen.

Spieße

Aufgespießtes wird nicht direkt vom Spieß abgeknabbert! Man nimmt den Spieß am oberen Ende in die linke Hand, setzt ihn schräg auf den Teller schiebt die Fleisch- oder Gemüsestücke eines nach dem anderen mit der Gabel vorsichtig auf den Teller. Danach isst man die einzelnen Happen mit Messer und Gabel. Die Spieße werden am oberen Tellerrand quer abgelegt.

Weintrauben

Weintrauben darf man mit der Hand essen. Man zupft eine Einzelfrucht ab und führt sie zum Mund.

Wie gut sind deine Tischmanieren?

Verdecke die rechte Seite, notiere die Antwort und vergleiche später!

Haltung

1. Toni und Tobias sitzen im Restaurant und essen. Tobias ist müde. Er stützt den Kopf mit dem Ellbogen der linken Hand ab und stochert mit der Gabel, die er in der rechten hält, im Essen herum. Toni rutscht auf seinem Stuhl hin und her, isst aber mit Messer und Gabel. Wer macht es richtig?
a) Tobias.
b) Toni.
c) Beide haben eine falsche Haltung beim Essen.

1c) *Bei Tisch zu lümmeln und die Ellbogen aufzustützen, gilt als respektlos und unhöflich. Auch auf dem Stuhl hin- und herzurutschen macht einen schlechten Eindruck. Beim Essen sitzt man gerade und aufrecht. In gerader Haltung kann man sich nämlich mit den Armen frei bewegen und kleckert deshalb weniger. Außerdem drückt die aufrechte Haltung Respekt vor den anderen Gästen aus. Man wendet sich ihnen zu und verfolgt aufmerksam das Tischgespräch.*

Merke:
Beim Essen sitzt man gerade und aufrecht.

Gedeck und Besteck

2. Daniel hat beim Italiener Spaghetti bestellt. Als Besteck legt der Kellner einen Löffel und eine Gabel neben den Platzteller. Wie soll er seine Spaghetti essen?
a) Er soll die Gabel in die rechte Hand nehmen und die Spaghetti auf den Löffel aufrollen.
b) Er soll mit dem Löffel die Spaghetti essen.
c) Er soll die Gabel in die rechte Hand nehmen und die Spaghetti damit auf dem Teller aufrollen.

2c) *Spaghetti werden zum Essen mit der Gabel aufgerollt. Am besten nimmt man zwei, drei Spaghetti mit der Gabel und rollt sie am Tellerboden auf. Der Löffel wird (in Italien) beim Spaghetti-Essen nicht benutzt! In Deutschland ist es aber inzwischen weit verbreitet, Spaghetti mit Löffel (in der linken Hand) und Gabel zu essen.*

Merke:
Spaghetti isst man nur mit der Gabel, wenn man aber Schwierigkeiten beim Aufrollen hat, darf man den Löffel zu Hilfe nehmen.

3. Jule isst ihre Kartoffeln mit Messer und Gabel. Daniel zermantscht sie und isst sie mit der Gabel. Wer macht es richtig?
a) Jule, denn Kartoffeln darf man inzwischen mit dem Messer schneiden und Speisen zermantscht man nicht auf dem Teller.
b) Daniel, denn Kartoffeln darf man nur zerteilen, nicht schneiden.
c) Beide machen es nicht richtig. Kartoffeln zerteilt man mit der Gabel und stippt sie in die Soße.

3a) *Kartoffeln, Knödel und Gemüse kannst du mit der Gabel zerteilen oder mit dem Messer schneiden. Wenn du die Gabel benutzt, nimmt die Kartoffel bzw. der Knödel allerdings die Soße besser auf. Zermantschen auf dem Teller sieht nicht sehr appetitlich aus und ist deshalb nur für Babys erlaubt!*

Merke:
1. *Gemüse, Kartoffel, Knödel und Salat kann man mit dem Messer schneiden.*
2. *Zermantschen ist unmanierlich.*

Gläser

4. »Heute gibts Kinderwein«, sagt Papa und schenkt Jule Traubensaft in ein Rotweinglas ein. Wie hält sie es beim Trinken?
a) mit einer Hand am Stiel
b) mit einer Hand am Kelch
c) mit beiden Händen am Kelch

4a) *Gläser mit Stiel hält man zum Trinken am Stiel, damit sich die Temperatur des Getränks durch die Handwärme nicht verändert. Außerdem kann man so besser anstoßen und die Gläser klingen lassen. Doch eigentlich stößt man nur mit Wein, Sekt, Mineralwasser oder Champagner an.*

Merke:
Wein- und Sektgläser hält man zum Trinken am Stiel.

Sektglas   **Rotwein-glas**   **Weißwein-glas**   **Wasser-glas**

Serviette

5. Du bist mit deinen Eltern bei Freunden eingeladen. Die Serviette liegt auf dem Vorspeisenteller. Wann entfaltest du sie?

a) Wenn die Gastgeberin ihre Serviette entfaltet und auf den Schoß legt.

b) Gar nicht. Du legst sie rechts neben den Teller und verwendest sie erst nach dem Essen.

c) Sofort, noch bevor alle am Tisch sitzen.

5a) *Die Serviette ist beim Essen unentbehrlich, ob aus Stoff oder aus Papier. Vor dem Essen liegt die Serviette neben oder zusammengefaltet auf dem Vorspeisenteller, doch dort soll sie nicht bleiben. Kleinkindern bindet man die Stoffserviette wie ein Lätzchen um den Hals. Du kannst sie schon wie ein Erwachsener benutzen! Bist du bei Freunden eingeladen, wartest du, bis die Gastgeberin, die mit dem Essen beginnt, die Serviette entfaltet und sie auf ihren Schoß legt. Dann machst du das auch.*

Merke:
Die Serviette wird erst dann entfaltet, wenn die Gastgeberin sie auf ihren Schoß legt.

---

6. Im Restaurant wird gerade die Vorspeise aufgetragen. Mhm, riecht das lecker! Wo liegt die Serviette?

a) Halb oder ganz aufgefaltet (je nach Serviettengröße auch ein Drittel eingeschlagen) und ausgebreitet auf dem Schoß, wie bei Daniel.

b) Zusammengefaltet auf dem Vorspeisenteller.

c) Irgendwo auf dem Tisch, wo sie beim Essen nicht stört, aber jederzeit greifbar ist.

6a) *Wenn bei einem vorbestellten Essen im Restaurant der erste Gang (die Suppe oder Vorspeise) serviert wird, entfaltest du die Serviette (halb oder ganz, je nach Serviettengröße auch ein Drittel eingeschlagen) und legst sie auf den Schoß. Wenn die Serviette auf dem Tisch stört, kann sie auch schon vorher auf den Schoß gelegt werden.*

Merke:
Servietten liegen während des Essens ausgebreitet auf dem Schoß.

7. Jule und Daniel benutzen eine Serviette, bevor sie aus dem Glas trinken. Was machst du, wenn du während des Essens einen Schluck Mineralwasser trinken willst?

a) Du lässt die Serviette auf dem Schoß liegen, hebst sie ein Stück an und tupfst dir damit vorsichtig die Mundwinkel ab. Dann legst du die Serviette auf den Schoß zurück, nimmst dein Wasserglas und trinkst, genauso wie Jule.

b) Du nimmst die Serviette und reibst dir schnell, aber gründlich den Mund ab, legst die Serviette auf den Tisch neben den Teller und greifst zum Wasserglas, so wie Daniel.

c) Zum Trinken braucht man keine Serviette. Du schnappst dir dein Glas, löschst den Durst und fertig.

7a) Wenn du eine Serviette benutzt, bleibt dein Glas sauber, ohne Fettspuren. Es genügt aber, wenn du den Mund leicht und vorsichtig abtupfst. Reiben ist nicht erforderlich! Und denk daran: Erst nach Beendigung der Mahlzeit legt man die gebrauchte Serviette wieder auf den Tisch zurück.

Merke:
Bevor man trinkt, hebt man die Serviette leicht an, tupft sich damit den Mund ab und legt sie dann sofort wieder auf den Schoß zurück.

8. Die Gastgeberin beendet das Essen, indem sie die gebrauchte Serviette auf den Tisch legt. Wo legst du deine gebrauchte Papierserviette ab?

a) links neben den Teller

b) rechts neben den Teller

c) auf den Teller

9a) Wenn du aufgegessen hast, tupfst du dir noch einmal den Mund ab und legst dann die Serviette locker zusammengefaltet neben deinen Teller. Nun weiß jeder, dass du mit dem Essen fertig bist. Bist du zum Essen eingeladen, wartest du, bis die Gastgeberin das Essen beendet, indem sie ihre gebrauchte Serviette links neben ihren Teller legt.

Merke:
Gebrauchte Servietten legt man nach der Mahlzeit links neben den (Platz-)Teller.

Wer fängt an?

9. Das Essen ist serviert. Jule sagt »Guten Appetit« und fängt an zu essen. Ist das so üblich?

a) Ja, Jule macht es richtig.

b) Nein, man wünscht sich nicht »Guten Appetit«, bevor man anfängt zu essen.

c) Nein. Sie muss »Mahlzeit« sagen und warten, bis alle etwas auf dem Teller haben.

9b) *Im Kindergarten, im Freundes- und Familienkreis kann man sich »Guten Appetit« wünschen. Aber bei offiziellen Einladungen gilt das »Guten Appetit«, bevor man anfängt zu essen, als unfein und spießig. Auch »Mahlzeit« sagt man nicht. Man fängt einfach an zu essen, wenn die Gastgeberin das Zeichen dazu gegeben hat.*

Merke:
»Guten Appetit« sagt man nicht, bevor man anfängt zu essen.

---

10. Opa feiert im Restaurant seinen Geburtstag. Die Tischrunde wartet auf das Essen. Daniel hat Durst. Er nimmt sein Glas und leert es in einem Zug. Mama schaut ihn missbilligend an. Warum?

a) Man fängt nicht an zu trinken, bevor der Gastgeber sein Glas erhoben hat.

b) Man trinkt nur einen kleinen Schluck.

c) Keine Ahnung. Daniel hat nichts falsch gemacht.

10a) *Bist du zum Essen eingeladen, wartest du ab, bis der Gastgeber sein Glas erhebt. Erst dann fängst du an zu trinken. Aber leere bitte nicht das Glas in einem Zug! Zunächst genügt ein kleiner Schluck, im Lauf des Essens kannst du mehr trinken, wenn du sehr durstig bist.*

Merke:
Man fängt erst an zu trinken, wenn der Gastgeber sein Glas erhoben hat.

Brot

11. Jule möchte zur Vorspeise Brot essen. Der Brotkorb steht an der anderen Tischseite. Jule legt ihr Besteck ab, steht auf, greift über den Tisch und schnappt sich zwei Stück Weißbrot. Eins legt sie wieder zurück. Hat sie es richtig gemacht?

a) Nein. Man darf sich nicht zwei Brotstücke nehmen.

b) Nein. Man greift nicht über den Tisch, sondern bittet darum, dass der Brotkorb gereicht wird. Und man nimmt die Brotteile, die man angefasst hat, zu sich auf den Teller.

c) Ja. Alles richtig.

11b) *Man greift nicht über den Tisch! Steht der Brotkorb auf der anderen Tischseite, sagst du: »Könnten Sie mir bitte den Brotkorb reichen?« Du legst dein Besteck ab, nimmst aus dem Brotkorb ein Stück Brot und legst es auf deinen Brotteller. Bitte keine Vorräte anlegen! Später kannst du dir ein weiteres Stück nehmen. Hast du ein Stück Brot angefasst, musst du es auch auf deinen Teller nehmen. Es ist nämlich nicht sehr appetitlich, wenn alle das Brot mit den Fingern anfassen!*

Merke:

1. *Man greift nicht über den Tisch!*

2. *Bevor man nach etwas greift, legt man das Besteck aus der Hand.*

3. *Man nimmt sich zunächst nur ein Stück Brot und legt sich keine Vorräte an.*

---

12. Daniel beißt von seinem Brötchen ab, das er zur Suppe essen möchte. Jule schneidet es nicht auf, sondern bricht ein kleines Stück ab und schiebt es in den Mund. Wer macht es richtig?

a) Jule. Brot wird gebrochen und in kleinen, mundgerechten Stücken gegessen.

b) Daniel. Brot ist zum Abbeißen da.

c) Beide. Es gibt keine Vorschriften, wie man Brot zu essen hat.

12a) *Man beißt beim Mittag- und Abendessen nicht einfach von seiner Semmel ab. Brot, das man zur Suppe isst, wird in kleinen, mundgerechten Stücken gebrochen und stückchenweise mit der Hand in den Mund geführt. Ausnahme: die Frühstücksbrötchen.*

Merke:

Brot wird gebrochen und stückchenweise gegessen.

13. Zur Vorspeise wird Brot und Butter gereicht. Wie schmiert und verzehrt man es?

a) Man nimmt sich ein Stück Brot auf den Brotteller, beschmiert es mit Butter und beißt dann davon ab.

b) Man nimmt sich ein Stück Brot auf den Brotteller, beschmiert es mit Butter und isst es mit Messer und Gabel.

c) Links vom Platzteller steht ein Brotteller mit Brotmesser. Man nimmt sich ein Stück Brot auf den Brotteller, bricht sich ein Stück vom Brot ab, beschmiert den Happen mit Butter und schiebt ihn in den Mund.

13c) *Brot zur Vorspeise wird gebrochen und stückchenweise auf dem Brotteller mit Butter beschmiert. Dazu nimmt man vom Butterteller mit dem Buttermesser ein Stück Butter auf seinen Brotteller, legt das Buttermesser wieder zurück und beschmiert dann das Brot mit seinem eigenen Brotmesser.*

Merke:
Brot zur Vorspeise wird stückchenweise mit Butter beschmiert.

---

14. Daniel hat im Restaurant ein Schinkenbrot mit Tomaten und Gürkchen bestellt. Wie isst er es?

a) Er nimmt es in die Hand und beißt davon ab.

b) Er isst es mit Messer und Gabel.

c) Er bricht Stücke davon ab und schiebt sie in den Mund.

14b) *Reich belegtes Brot, das meist erst am Abend serviert wird, wie z. B. Schinken- oder Käsebrot mit Gürkchen, Zwiebeln und Tomaten oder Brot mit Heringssalat, isst man mit Messer und Gabel. Beim Abbeißen besteht nämlich die Gefahr, dass etwas herunterfällt und kleckert.*

Merke:
Reich belegtes Brot isst man mit Messer und Gabel.

---

15. Mhm, die Soße hat köstlich geschmeckt. Jule will den Soßenrest mit einem Brötchen auftunken. Macht man das?

a) Nein. In Deutschland ist das (im Unterschied zu Frankreich) nicht üblich.

b) Ja klar. Warum nicht?

c) Ja, aber nur, wenn sie nicht dabei kleckert.

15a) *Brot nutzt man in Deutschland nicht zum Auftunken von Soßenresten und stippt es auch nicht in Suppen. Ausnahme: Brot, das zu Schnecken mit heißer Kräuterbutter serviert wird. In Frankreich darfst du Soße mit Brot auftunken!*

Merke:
Man tunkt Brot nicht in Suppen und Soßenreste.

Frühstück im Hotel

16. Pia sitzt am Frühstückstisch im Hotel. Sie hat Appetit auf ein Marmeladenbrot. Die Butter liegt in einer Butterdose, die Marmelade ist in kleinen Portionen verpackt.
Wie bedient sie sich?

a) Sie schneidet ein Stück Butter mit dem Buttermesser ab, legt es auf ihren Teller und bestreicht mit ihrem eigenen Messer das Brötchen. Dann nimmt sie sich ein Päckchen Marmelade, öffnet es und bestreicht ihr Brot. Die leere Portionspackung verschwindet im Tischabfall.

b) Sie holt sich Butter und Marmelade mit ihrem eigenen Messer.

c) Sie holt sich Butter mit dem Löffel und streicht die Marmelade mit einem anderen Löffel auf.

16a) *Gibt es keine einzeln verpackte Portionsbutter, schneidet man sich ein Stück Butter mit dem Buttermesser ab, legt es auf den eigenen Teller und bestreicht mit dem eigenen Messer das Brötchen. Dann nimmt man sich mit dem Marmeladenlöffel eine Portion auf den Teller oder öffnet ein Päckchen Marmelade und bestreicht das Brot. Die leere Portionspackung verschwindet im Tischabfall.*

Merke:
1. *Butter nimmt man sich mit dem Buttermesser, Marmelade aus dem Schälchen mit dem dazu gehörenden Löffel.*
2. *Die leeren Packungen gibt man in einen Abfalleimer.*

---

17. Pia möchte Tee und hält ihrer Mutter zum Einschenken die Tasse entgegen.
Wie soll Pia die Tasse halten?

a) Mit einer Hand am Henkel, den kleinen Finger abgespreizt.

b) Gar nicht.

c) Sie hält die Untertasse, sodass die Mutter eingießen kann.

17c) *Zum Einschenken hebt man die Untertasse mit Tasse an, damit nichts auf das Tischtuch tropft. Zum Trinken hält man die Tasse am Henkel, die Untertasse bleibt auf dem Tisch. Im 18. Jh. galt es als sehr aristokratisch und elegant, den kleinen Finger beim Trinken abzuspreizen. Heute macht man das nicht mehr! Trinkt man im Stehen, wird die Untertasse in die Hand genommen und die Tasse, nachdem man einen Schluck genommen hat, auf sie wieder abgestellt.*

Merke:
1. *Zum Einschenken hebt man die Untertasse mit Tasse an.*
2. *Zum Trinken hält man die Teetasse am Henkel.*

Suppe

18. Wo liegt der Suppenlöffel vor dem Essen und wo befindet sich die linke Hand, wenn man Suppe löffelt?

a) Der Suppenlöffel liegt ganz außen rechts. Beim Löffeln hält man die Hand angelehnt an die Tischkante.

b) Der Suppenlöffel liegt ganz außen links. Beim Löffeln befindet sich die Hand in der Hosentasche.

c) Der Suppenlöffel liegt oberhalb des Tellers. Beim Löffeln liegt die Hand auf dem Schoß.

18a) *Der Suppenlöffel liegt ganz außen rechts vom Platzteller. Wenn du deine Suppe mit der rechten Hand löffelst, liegt die linke Hand auf dem Tisch, angelehnt an die Tischkante. Diese Haltung ist üblich in Europa (Kontinent), in England, Schweden und den USA liegt die linke Hand dagegen auf dem Schoß!*

Merke:
Die linke (freie) Hand liegt beim Essen auf dem Tisch!

---

19. Oh! Die Suppe ist heiß! Jule pustet auf ihren Löffel. Daniel hat seinen Teller schon fast ausgelöffelt. Er neigt den Suppenteller, um den letzten Rest besser auflöffeln zu können. Wer macht es richtig?

a) Daniel.

b) Jule.

c) Beide nicht. Man pustet nicht auf die heiße Suppe, sondern wartet ab, bis sie abgekühlt ist. Der Suppenteller wird beim Auslöffeln nicht geneigt.

19a) *Heiße Suppe nicht pusten! Warte einfach, bis sie etwas abgekühlt ist. Um den letzten Rest des Suppentellers auslöffeln zu können, darfst du ihn wie Daniel leicht neigen, als Rechtshänder am besten nach schräg rechts nach hinten.*

Merke:
1. Heiße Suppe pustet man nicht, man wartet, bis sie abgekühlt ist.
2. Der Suppenteller darf zum Auslöffeln geneigt werden.

---

20. Im Restaurant wird Suppe in einer Suppentasse serviert. Darf man die Suppe austrinken?

a) Ja, aber nur, wenn es sich um sehr kleine Suppentassen handelt, in denen meist dünnflüssige Suppen serviert werden.

b) Nein man trinkt nicht aus der Suppentasse.

c) Ja, warum nicht, wenn die Suppe nicht zu heiß ist.

20a) *Wird die Suppe in sehr kleinen Tassen (Kaffeetassengröße) serviert, darf man den letzten Rest aus der Suppentasse austrinken. Aus größeren Suppentassen trinkt man grundsätzlich nicht, auch wenn sie dünnflüssige Suppen enthalten. Bitte nur löffeln!*

Merke:
1. Suppe aus Suppentassen löffelt man.
2. Den letzten Rest aus Suppen, die in sehr kleinen Tassen serviert werden, darf man austrinken.

Fingerschale und heiße Tücher

21. Links vom Platzteller steht eine kleine Schale, die mit lauwarmem Wasser gefüllt ist. Darin schwimmt eine Zitronenscheibe. Wofür ist das Wasser vorgesehen?

a) Zum Trinken

b) Zum Reinigen der Hände, wenn Gerichte serviert werden, die man mit den Händen essen darf. Die Zitronenscheibe duftet angenehm und dient als Fettlöser.

c) Als Dessert zum Auslöffeln.

21b) Fingerschalen werden meist links vom Platzteller gedeckt. Immer, wenn eine Fingerschale auf deinem Platz steht, kannst du davon ausgehen, dass du das von dir bestellte Gericht mit den Fingern essen darfst. Das Wasser der Fingerschale ist zum Reinigen der Hände vorgesehen. Die Zitronenscheibe duftet angenehm und dient als Fettlöser.

Merke:

Das Wasser in Fingerschalen ist zum Reinigen der Hände vorgesehen.

---

22. Wie reinigt man die Hände, wenn man ein Gericht bestellt hat, das man mit den Händen essen darf?

a) Man badet die ganze Hand in der Fingerschale und trocknet sie an der auf dem Schoß liegenden Serviette ab.

b) Man taucht die Fingerspitzen hinein und trocknet sie mit der neben der Fingerschale liegenden zweiten Serviette ab. Die auf dem Schoß liegende Serviette bleibt trocken.

c) Man reinigt die Hand mit der Zitronenscheibe und tupft sie dann mit der Serviette trocken.

22b) Zum Reinigen der Hände taucht man die Fingerspitzen kurz in die Fingerschale. Man badet nicht die ganze Hand darin! Mit der zweiten Serviette, die meist neben der Fingerschale liegt, trocknet man die Hände ab. Deine normale Serviette bleibt dabei (trocken!) auf dem Schoß liegen.

Merke:

Zum Trocknen der Hände verwendet man eine zweite Serviette.

23. Der Kellner bringt heiße Tücher und hält sie dir hin. Was machst du damit?
a) Du nimmst dir eines und reinigst dir damit die Hände.
b) Du sagst: »Nein danke.«
c) Du nimmst dir eines und reinigst dir damit das Gesicht.

23a) *Heiße Tücher sind zum Reinigen der Hände vorgesehen. Oft werden sie anstelle einer Fingerschale serviert.*

Merke:
Mit heißen Tüchern reinigt man sich die Hände.

Dessert

24. Jules Dessert war köstlich. Das Erdbeereis, das sie mit dem Dessertlöffel gegessen hat, war auf einem großen Teller angerichtet und mit verschiedenen Früchten dekoriert. Soll man die mitessen?
a) Ja, aber nur, wenn sie nicht schmieren, wenn man sie in die Hand nimmt.
b) Nein, dekorierte Früchte isst man nicht mit.
c) Ja, natürlich!

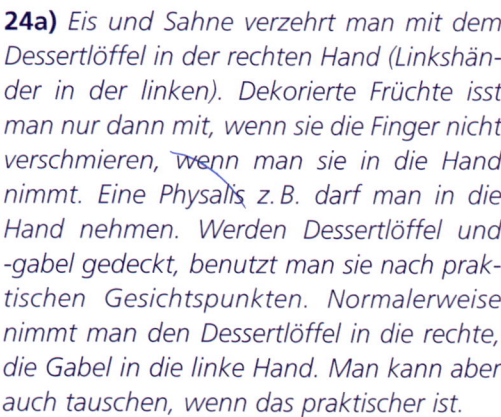

24a) *Eis und Sahne verzehrt man mit dem Dessertlöffel in der rechten Hand (Linkshänder in der linken). Dekorierte Früchte isst man nur dann mit, wenn sie die Finger nicht verschmieren, wenn man sie in die Hand nimmt. Eine Physalis z.B. darf man in die Hand nehmen. Werden Dessertlöffel und -gabel gedeckt, benutzt man sie nach praktischen Gesichtspunkten. Normalerweise nimmt man den Dessertlöffel in die rechte, die Gabel in die linke Hand. Man kann aber auch tauschen, wenn das praktischer ist.*

Merke:
Dekorierte Früchte isst man nur mit, wenn dies appetitlich gelingt.

Aufstehen

25. Daniel muss ausgerechnet während des Essens ganz dringend auf die Toilette. Darf er aufstehen? Und was macht er mit seiner Serviette?
a) Klar, wenn es dringend ist. Er nimmt seine Serviette vom Schoß, legt sie links neben das Gedeck und verschwindet, ohne einen Grund anzugeben.
b) Ja. Er sagt: »Entschuldigung, ich muss kurz auf die Toilette.« Seine Serviette nimmt er mit.
c) Nein. Er muss warten, bis alle mit dem Essen fertig sind. Dann darf er aufstehen.

25a) *Aufstehen während des Essens schafft Unruhe in der Tischrunde und ist störend. Wenn es nicht zu vermeiden ist, wartest du möglichst bis zum Abschluss eines Gangs und stehst auf, bevor der nächste Gang aufgetragen wird. Du legst deine Serviette links vom Platzteller ab und verschwindest ohne Angabe von Gründen.*

Merke:
Steht man während des Essens auf, wird die Serviette links vom Platzteller abgelegt.

Am Büfett

26. Jule und Daniel sind mit ihren Eltern bei einer großen Gartenparty eingeladen. Das Büfett ist eröffnet. Daniel stürmt sofort los und häufelt sich Unmengen auf seinen Teller. Jule wartet erst einmal ab. Wer benimmt sich höflich?

a) Jule, denn sie stürmt nicht gleich los.
b) Daniel, denn er zeigt, dass ihm das Essen Appetit macht.
c) Weiß nicht. Beide sind nicht unhöflich!

26a) *Ein Büfett wird immer eröffnet (vom Gastgeber oder der Gastgeberin). Ein höflicher Gast geht nicht vorher zum Büfett. Hält jemand auf der Party eine Ansprache, hört man zu und berührt in dieser Zeit nicht das Büfett. Auch wenn es bereits eröffnet ist, wartet man besser ab, bis der erste Ansturm vorbei ist und bedient sich erst dann. Am Büfett lässt man anderen den Vortritt und nimmt sich grundsätzlich immer nur ein paar Happen auf den Teller. Es ist unhöflich, sich den Teller voll zu häufeln. Außerdem kann man dann nicht mehr so appetitlich essen. Man kann sich aber durchaus mehrmals nachnehmen. Fingerfood darf man übrigens mit der Hand essen und mit einem Haps verschlingen.*

Merke:
1. Man drängelt sich nicht am Büfett.
2. Man nimmt sich keine Riesenportionen, sondern immer nur ein paar Happen auf den Teller.

---

27. Jule ist auf eine Geburtstagsparty ihrer Freundin eingeladen. Es gibt ein kaltes Büfett, das aus Gerichten besteht, die Jule nicht ausstehen kann. Wie soll sie sich verhalten.

a) Sie soll sagen: »Tut mir Leid, so etwas esse ich nicht. Gibt es nichts anderes?«
b) Sie soll sich nur eine ganz kleine Menge auf den Teller nehmen und dafür mehr Brot essen.
c) Sie soll eine Schnute ziehen und sich mit frustrierter Miene zurückziehen.

27b) *Den Gastgebern mitzuteilen, dass das Essen nicht schmeckt, ist grob unhöflich. Nimm dir einfach nur eine kleine Portion und iss mehr Brot.*

Merke:
Wenn das Essen nicht schmeckt, verlieren wir kein Wort darüber.

5. In der Schule

Katzen habens gut

Deine Katze kann den ganzen Tag gemütlich auf dem Sofa dösen, bekommt auf ein vorwurfsvolles Maunzen hin das leckerste Futter vorgesetzt und spielt vergnügt mit einer Stubenfliege. Du befindest dich nicht in dieser glücklichen Lage. Tag für Tag musst du dich schon im Morgengrauen aus dem Bett quälen, dein Müsli kauen, die Zähne schrubben und beladen mit einem schweren Schulranzen zur Schule trotten, wo dir fordernde Lehrer und mitunter gemeine Klassenkameraden das Leben schwer machen. Kommst du müde und mit einer Fünf in Mathe nach Hause, fangen deine Eltern das Mahnen an, halsen dir Übungen auf und verhängen Fernsehverbote. Und während du gehorsam Vokabeln in dich hineintrichterst, sucht deine Katze das Weite, stromert durch umliegende Gärten und vergnügt sich mit ihren Freunden. Willst du nicht manchmal tauschen? Soll sie doch in die Schule gehen!

Wer nach dem Guten strebt, hat niemals ausgelernt Er bleibt immer ein Schüler
Chinesische Weisheit

Das große Hacken

Dass das Leben eines Schülers seine harten Seiten hat, sei unbestritten. Aber glaub mir, auch Katzen haben ihre Probleme. Auch sie treffen gelegentlich auf Artgenossen, die Ärger machen können, genau wie du auf ungerechte Lehrer oder fiese Klassenkameraden. Du ahnst ja nicht, wie oft dein Stubentiger bei seinen nächtlichen Ausflügen schon Prügel einstecken musste. Und man kann jederzeit den Kürzeren ziehen! Wem macht es schon Spaß, gedemütigt von dannen zu schleichen wie das K-Huhn. Oh, du weißt nicht, was das ist? Du kennst die Hackordnung beim Haushuhn nicht? Dann stell dir mal einen Hühnerhof vor mit einer munteren Hühnerschar. Jeden Morgen kommt die Bäuerin und streut das Futter aus. Gogogogog! Und was passiert? Der Kampf ums Futter und das große Hacken beginnt. Wissenschaftler haben beobachtet, dass sich die Hühner nicht etwa zufällig vom Futterplatz weghacken. Nein, wer wen hacken darf, ist in einer Hackordnung, die sich durch Kämpfe herausgebildet hat, genau festgelegt. Das Huhn, das bei den Kämpfen als Sieger hervorgegangen ist, nennt man Huhn A. Es darf alle hacken. Hack, weg da! Das zweitstärkste Huhn B hackt alle außer Huhn A. Huhn C darf alle außer Huhn A und B hacken usw. usw. Die rangunterste Henne, bei 11 Hühnern das K-Huhn, ist arm dran, es muss von allen Schnabelhiebe einstecken. Nur vom ranghöchsten Huhn A wird es kaum beachtet, da dieses ja vor allem aufpassen muss, dass seine Rivalen B und C nicht zu frech werden. Ist die Rangordnung einmal festgelegt, herrscht meist Ruhe im Hühnerhof. Wenn das ranghöchste Huhn irgendwo Körner entdeckt hat, verziehen sich dort die anderen schnell. Große Aufregung gibts im Hühnerstall, wenn ein neues Huhn dazugesetzt wird. Es konkurriert und kämpft mit jedem Huhn und erhält dann erst seinen Platz in der Hackordnung. War es sehr erfolgreich, muss ihm fortan sogar Huhn A am Futterplatz den Vortritt lassen.

Es ist wie in deiner Klasse. Man feiert seine kleinen Triumphe, ist allseits beliebt und muss plötzlich irgendwann feststellen, dass Schüler C inzwischen das Sagen hat. Ja, es kostet viel Kraft und gute Nerven, wenn man gezwungen ist, in einer Gruppe, die Jahr für Jahr im selben Raum zusammenkommt, im täglichen Kleinkrieg nicht untergebuttert zu werden, sondern seinen Platz zu behaupten. Und du wirst mir sicher auch zustimmen, dass der Hauptzweck der Schule, das Lernen, schnell zur Nebensache wird, wenn einem Streithähne und Kampfhennen das Leben schwer machen. Und da wundert sich Mama über deine Fünf in Mathe!

Menschen können Konflikte friedlich lösen

Im Tierreich sind Kämpfe und Rangordnungen sinnvoll. Tiere verfügen nun mal nicht über Verstand, Sprache und Wertvorstellungen. Sie können sich nicht zusammensetzen und in Ruhe überlegen, wo das Problem liegt, ihre Meinungen vortragen, diskutieren und sich vernünftig einigen. »Hej, Leute, ich habs!«, ruft das K-Huhn. »Wozu brauchen wir eigentlich die dusselige Hackordnung? Wir ändern die Verhältnisse! Wir teilen das Futter einfach gerecht auf! Wie wärs?« »Gute Idee! Klaro! Warum sind wir nicht früher darauf gekommen!« »Aber warum?«, versucht das A-Huhn schüchtern einzuwenden, wird aber von der Mehrheit überstimmt. »Was beschwerst du dich denn? ABC-Hühner kriegen genauso viel wie die anderen. Also: Eins, zwei, drei ... «

Menschen haben im Gegensatz zu Hühnern (theoretisch) viele Möglichkeiten, Lösungen für ein friedliches Miteinander zu finden. Auch Schüler könnten sich durchaus etwas einfallen lassen, damit sich alle im Klassenzimmer oder auf dem Pausenhof besser vertragen. Warum halten die meisten dann trotzdem am Streiten, Demütigen und Piesacken fest? Warum überlassen sie es nicht den Hühnern, aufeinander herumzuhacken?

Necken oder Drangsalieren?

Was ist denn heute wieder los auf dem Pausenhof? Alle drängeln, rennen, schubsen, grölen und kreischen! Nicht jeder Schüler guckt dabei begeistert aus der Wäsche. Autsch! Patrick verzieht das Gesicht. Er ist hingefallen, weil Kevin ihm absichtlich ein Bein gestellt hat. Warum macht der das bloß immer wieder? Maxi schubst seinen Freund Emil. Der lacht nur, denn er weiß, dass das Schubsen nicht böse gemeint war. Aber Klara guckt so traurig. Laura hat schon wieder verächtlich »Brillenschlange« zu ihr gesagt. Das ist nicht sehr nett. Ob Laura spürt, wie sehr sie Klara damit verletzt hat? Lauritz ist enttäuscht. Schon wieder haben ihn die anderen Jungs einen »Streber« genannt und lassen ihn nicht mitspielen. Gemein! Man fühlt sich ganz fürchterlich, wenn man ausgeschlossen wird. Stimmts?

Was tun, wenn streitlustige Klassenkameraden jeden Tag neue Schandtaten aushecken und mit Worten oder Taten gewalttätig werden? Sollen sich die anderen einmischen oder lieber raushalten? Deine Schwester lacht: »Du nimmst das alles viel zu ernst. Lass sie doch! Die wollen sich nur austoben und ihren Spaß haben.« Mama warnt: »Lass dich nicht provozieren. Halt dich da raus. Geh ihnen aus dem Weg. Und prügle dich nicht!« Oma ist ganz anderer Meinung: »Lass dich niemals blöd anmachen oder herumschubsen. Schlag zurück!« Dein Bruder findet: »Wenn du dich nicht wehrst, bist du ein Feigling und dann machen sie dich noch mehr fertig.« Papa mahnt: »Wichtig ist, dass du niemals Gewalt anwendest!«

Wie passen diese Meinungen und Ratschläge zusammen? Wie soll man sich nun verhalten? Darf man zurückschlagen oder nicht? Was ist harmloses Necken und wo beginnt das Demütigen, Drangsalieren? Wann muss man »Nein« sagen, sich wehren und sich einmischen? Was ist Gewalt und wie soll man damit umgehen?

Lässt sich Gewalt vermeiden?

Unsere Welt ist geprägt von Gewalt. Manche Formen von Gewalt gelten sogar als ganz normal. Oder regen sich bei uns sehr viele Leute ernsthaft darüber auf, wenn Jugendliche wegen Kleinigkeiten ausrasten, ihre Geschwister anbrüllen, zwicken, kneifen oder hauen? Wenn du den Fernseher anknipst, werden dir auf allen Kanälen Bilder von Gewalt ins Auge springen, nicht nur im Horrorfilm. Erwachsene leben Kindern tagtäglich Gewalt vor, im Alltag, in der Familie, im Berufsleben, in der Politik. Schlägereien, Mord, Rassismus, Kriege, Folter oder terroristische Anschläge, aber auch Armut, Ungerechtigkeit und politische Unterdrückung sind schlimme Formen von Gewalt. Zu Opfern werden nicht nur verprügelte, verletzte, gefolterte, sondern auch hungernde, kranke, ungebildete Menschen, denen man Nahrungsmittel, medizinische Hilfe und schulische Bildung verweigert. Die schrecklichen Fernsehbilder haben uns alle schon ein bisschen abgestumpft. Doch Gewalt kann man nicht einfach ausblenden. Man wird sonst zum Mittäter! Erwachsene können versuchen, die Ursachen von Gewalt zu erforschen, zu benennen, und sich dafür einsetzen, dass die Welt gewaltfrei, gerechter und schöner wird. Eltern können ihre Kinder vor Filmen, Videos, Computerspielen, Zeitschriften und Büchern schützen, die Gewalt verharmlosen oder verherrlichen. Kinder können im Umgang mit Geschwistern und Freunden achtsam sein und dafür Sorge tragen, dass die Gewalt sich nicht unmerklich auch in ihren Alltag und in ihr Leben einschleicht.

Schon gewusst? – Gewalt in der Schule

Im Wort »Gewalt« steckt »walten«, das bedeutet »stark sein, beherrschen«. Wer Gewalt ausübt, macht einen Mitmenschen zum Opfer, beherrscht es, fühlt sich ihm überlegen, mächtig.

Gewalt kann sich in unterschiedlichen Formen ausdrücken:
- *Wer körperliche Gewalt anwendet, fügt dem Opfer Verletzungen zu durch Prügeln, Treten, Schlagen, Beißen etc.*
- *Psychische Gewalt setzt das Opfer seelisch unter Druck z. B. durch Drohungen, Ignorieren, Ausschließen, Einschüchterung.*
- *Verbale Gewalt verletzt das Opfer seelisch durch höhnische Bemerkungen, beleidigende, erniedrigende und entwürdigende Worte.*

In unseren Schulen herrscht nicht körperliche, sondern verbale und psychische Gewalt vor. Der Außenseiter, der sich mit Fäusten gegen eine verächtliche Behandlung wehrt, ist nicht gewalttätiger als der, der ihn regelmäßig mit höhnischen Bemerkungen quält, ausschließt und schikaniert.

Bei Schüler- und Lehrerbefragungen in verschiedenen europäischen Ländern hat man festgestellt, dass 6–25 % der Schüler nicht nur vereinzelt, sondern regelmäßig drangsaliert werden. Die Opfer fühlen sich hilflos, ausgeliefert, eingeschüchtert, abgelehnt und unter Druck gesetzt.

In England nennt man die Täter »Bullies« (Drangsalierer, Tyrannen, Maulhelden). Bullies sind bei 70 % der Schüler unbeliebt. Trotzdem schreiten nur ganz wenige Schüler ein, um den Opfern zu helfen. Findest du das richtig?

Tyrannen sind überflüssig

Gibt es in deiner Klasse auch Bullies? Bullies mit starken Fäusten sind im Pausenhof oder Klassenzimmer selbst von Lehrern kaum zu übersehen. Sie sind meist männlichen Geschlechts, treten häufig in Begleitung ihrer gehorsamen Sklaventrupps auf, reißen coole Sprüche und machen andere mit Worten nieder. Provoziert man sie, schreien, toben und prügeln sie. Wissenschaftler haben herausgefunden, dass alle gewaltbereiten Jungen so reagieren. Weibliche Bullies treten nicht so auffällig in Erscheinung. Bei Mädchen drückt sich Gewalttätigkeit nämlich anders aus. Sie lästern, verleumden, setzen andere herab oder quälen ihre Opfer mit Blicken. Sie verstoßen ein Mädchen aus ihrer Clique, machen ihm die einzige Freundin abspenstig, verwunden mit anonymen Briefen oder bösen Worten, die viel schmerzhafter sein können als eine kräftige Ohrfeige. Kurzum: Weibliche Bullies verhalten sich indirekt gewalttätig. Besonders fies, oft ohne dass Eltern und Lehrer etwas davon erahnen, sind dominante Mädchen, die andere gut einschätzen können und deren Stärken und Schwächen mit einem Blick erkennen. Wissenschaftler nennen diese Fähigkeit »soziale Intelligenz«. Sie ist eigentlich eine sehr positive Eigenschaft, wenn sie mit Takt, Gerechtigkeitssinn und Mitgefühl verknüpft ist. Wer in der Lage ist, sich in andere einzufühlen, wendet sehr selten Gewalt an. Wem dagegen das Einfühlungsvermögen fehlt, der kann, egal ob Junge oder Mädchen, leicht zum Tyrannen werden. Und brauchen wir den in der Klasse? Eigentlich nicht. Im Gegenteil. Vermutlich würden sich ohne ihn alle sehr viel wohler fühlen.

Einfühlung statt Gewalt

Streit auf Dauer zu vermeiden, ist gar nicht so leicht. Denn Situationen, die uns wütend machen und in denen auch wir geneigt sind, gewalttätig zu handeln, wird es immer wieder geben. Was tun, wenn wir uns fies oder ungerecht behandelt fühlen und die Wut kocht? Immer mit der Ruhe. Das ist der erste Grundsatz. Gelassen bleiben. Wir verkneifen uns böse Worte und harte Fäuste und überlegen, was uns so wütend macht. Das teilen wir dem andern mit. Dann hören wir uns seine Version der Geschichte an und versuchen seine Motive nachzuvollziehen, uns in ihn einzufühlen. Oft löst sich allein dadurch schon der Frust, der Ärger wird gedämpft und Wohlgefühl stellt sich wieder ein.

> *Wer die Hand als Erster zum Schlag erhebt, gibt zu, dass ihm die Ideen ausgegangen sind!*
> *Franklin D. Roosvelt*

Probiers mal aus! Empathie (Einfühlungsvermögen) gilt als das beste Mittel gegen Gewalttätigkeit! Und hast du gewusst, dass sich Empathie fast ebenso leicht lernen lässt wie das Essen mit Messer und Gabel? Man muss nur üben, behaupten die Wissenschaftler, und die müssens ja wissen. Weißt du, was das heißt? Ein Streithahn kann sich ändern! Nach vielen Übungsstunden im Unterrichtsfach Einfühlen wird er in Tränen ausbrechen, wenn er spürt, wie mies er die anderen behandelt hat. Der Tyrann wird in sich gehen, nie mehr schlagen, nie mehr blöde Witze über andere reißen, immer freundliche Worte gebrauchen und nur noch liebenswürdig sein. Vielleicht fällt die Kampfhenne sogar auf die Knie, bittet um Verzeihung für ihre Schandtaten, vielleicht bietet sie sogar eine Tüte Gummibärchen an oder trägt die Schultasche … Naja, wir wollen nicht übertreiben. Wir sind ja schon froh, wenn wir künftig unsere Ruhe haben. Oder?

Schon gewusst? – Das Geheimnis der Ich-Botschaften

Was wir sagen und wie wir es sagen, beeinflusst Menschen in ihrem Verhalten. So kann es passieren, dass Worte beim andern ganz anders ankommen, als wir sie gemeint haben. Andere wissen zu lassen, wie wir uns fühlen, kann dagegen helfen, Probleme zu lösen. Wer dem andern direkt sagt, wie er sich fühlt, wird leichter verstanden. Ich-Botschaft nennen das die Wissenschaftler. Ich-Botschaften sind ein guter Weg, Konflikte zu lösen und Streit zu vermeiden.

Wenn du zu deinem Freund sagst: »Ich bin wütend, weil du meine Filzstifte, die ich dir geliehen habe, hast austrocknen lassen«, wird er deine Gefühle besser nachvollziehen können, sich wahrscheinlich entschuldigen und den Schaden wieder gutmachen.

Wenn du sagst: »Du bist unzuverlässig und blöd. Nie wieder leihe ich dir meine Stifte«, wird er erst mal nur einen Angriff, eine Beleidigung heraushören, sich verteidigen und ist vielleicht nicht mehr in der Lage, dich zu verstehen. Und es kommt zum Streit.

Toleranz statt Ausgrenzung

Nanu? Großes Gegacker im Hühnerstall! Was ist passiert? Oh, ein Hahn, der anders aussieht als die anderen, ist aufgetaucht! Er hat keinen roten, sondern einen blauen Kamm. Bei dem stimmt was nicht, merken unsere Hühner. Den kennen wir nicht. Der ist neu hier. Der muss gehackt werden. Damit wieder Ruhe und Ordnung herrscht im Hühnerstall! Die Hühner ahnen nicht, wen sie da hacken. Es ist nämlich der A-Hahn, der einstmals Ranghöchste im Hühnerstall. Der, der noch gestern sogar die A-Henne vom Futterplatz weghacken durfte. Wissenschaftler haben ihm aus Forschungszwecken den Kamm blau angemalt, und schon haben ihn die Hühner nicht mehr erkannt!

Solange du dem anderen sein Anderssein nicht verzeihen kannst, bist du noch weit ab vom Weg zur Weisheit
Aus China

Anderssein ist nicht nur für Tiere etwas Bedrohliches. Auch wir verspüren manchmal Angst oder Unbehagen, wenn wir uns in unbekannter Umgebung befinden oder wenn wir fremden Menschen begegnen. Menschen die anders sind. Die sich in ihrer Hautfarbe, Kleidung, Sprache, Kultur von uns unterscheiden. Menschen, die eine Behinderung haben oder sich nicht so verhalten, wie wir es erwarten. Und wenn uns etwas anders, fremd vorkommt, neigen wir dazu, es auszugrenzen. Ausgrenzung ist grausam und gefährlich, denn sie kann Hass und Gewalt schüren. Toleranz schafft eine freundliche Atmosphäre, die Voraussetzung dafür ist, dem Fremden offen zu begegnen, ihn vorurteilsfrei kennen zu lernen, Meinungen und Argumente ohne Streit auszutauschen. Und plötzlich erscheint uns das Fremde nicht mehr als fremd, es wird vertraut und ganz normal.

Schon gewusst? – Was ist Empathie?

Empathie (Einfühlungsvermögen) nennt man die Fähigkeit, Gefühle anderer Menschen wahrzunehmen, zu verstehen und sie einfühlsam zu beantworten. Wer gelernt hat, aufmerksam zu sein für seine eigenen Gefühle und die Gefühle anderer, kann mit der Zeit vorhersagen, welche Gefühle er mit bestimmten Handlungen bei seinen Mitmenschen auslöst.

Schon gewusst? – Was ist Toleranz?

Das Wort »Toleranz« leitet sich ab vom lateinischen Wort »tolerare«, tragen, ertragen, erdulden. Wer tolerant ist, duldet die anderen, ist offen für ihre Meinungen, lässt sie ausreden, hört ihnen zu, versucht Argumente nachzuvollziehen. Er weiß, dass jeder Mensch geprägt ist von den Umständen, in denen er aufgewachsen ist, von den Informationen, die er gesammelt und von Erfahrungen, die er gemacht hat. Deshalb akzeptiert ein toleranter Mensch, dass nicht alle Menschen dieselbe Weltanschauung haben können. Ob die Farbe Blau schöner als Rot ist, kann nur jeder Einzelne für sich entscheiden. Die absolute Wahrheit lässt sich nicht in jedem Fall eindeutig klären oder festlegen. Toleranz heißt Duldung, aber nicht immer auch Anerkennung der Standpunkte, Meinungen und Interessen anderer. Wer Menschen verletzt oder quält, Gewalt, Unterdrückung, Folter, Ungerechtigkeit, Armut, Terror und Rassismus befürwortet, kann nicht toleriert werden! Wer es für richtig hält, Menschen zu quälen, kann nicht geduldet werden. Wer behauptet, Menschen mit dunkler Hautfarbe seien für das Sklavendasein geboren und könnten ohne Lohn arbeiten, vertritt keinen tolerierbaren Standpunkt. Fallen dir noch weitere Beispiele ein?

Ein Herz für Pauker

Lehrer bringen uns das Lesen, Schreiben und Rechnen bei. Sie erklären uns komplizierte Sachverhalte und tragen mit ihrem Unterricht entscheidend dazu bei, dass wir immer schlauer werden. Lehrer sind also ganz schön wichtig. Wenn sie jede Menge Hausaufgaben aufbrummen, überraschend einen Test schreiben lassen, ungerecht oder streng sind, können sie Kindern allerdings ziemlich auf den Keks gehen. Ob sie von ihren Schülern auch manchmal genervt sind? Versuche dich doch mal in die Situation eines Lehrers hineinzuversetzen. Würde es dir Spaß

machen, vor dreißig Kindern zu unterrichten, die kichern, herumalbern, toben, kreischen und mit Radiergummis durch die Gegend werfen? Was bleibt dem Pauker anderes übrig, als streng zu werden, wenn er weiter unterrichten will? Und wie frustrierend muss es für ihn sein, wenn er sich stundenlang vorbereitet hat und keiner hört zu! Deshalb: Störe nicht im Unterricht! Gib lieber deinen kleinen grauen Zellen im Gehirn etwas zu tun! Fordere die Lehrer und locke Wissen aus ihnen heraus! Stelle Fragen, bringe Ideen ein und rege Projekte an!

Regeln und Fairness

Noch vor 100 Jahren war der Lehrer eine Respektsperson, vor der alle Schüler große Angst hatten. Wer im Unterricht störte oder ungehorsam war, wurde mit dem Rohrstock verprügelt. Dann war es mucksmäuschenstill in der Klasse. Wie gut, dass diese Zeiten vorbei sind! Lehrer lehnen heute alle Formen von Gewalt in der Schule ab und wollen Kinder nicht mehr zu Duckmäusern erziehen. Sie mögen aufgeweckte Kinder, die auch mal ihre Meinung sagen. Doch der Lehrer kann nur dann unterrichten, wenn die Schüler sich im Klassenzimmer ruhig verhalten, wenn sie zuhören, sich melden, wenn sie etwas sagen wollen und einander ausreden lassen. Damit der Unterricht reibungslos abläuft und das Lernen Spaß macht, müssen sich alle an bestimmte Regeln halten.

Auf dem Fußballplatz zeigt der Schiedsrichter dem Spieler, der ein schweres Foul begeht und damit gegen die Spielregel verstößt, als Vorwarnung die gelbe Karte. Foult der Spieler weiterhin, bekommt er die rote Karte und wird vom Platz gestellt. Auch in der Schule kommt es immer wieder zu Fouls, nicht nur im Sportunterricht. Die Schüler einer irischen Grundschule haben sich dazu etwas einfallen lassen. Damit sich alle in der Schule wohl fühlen, haben sie wie im Fußball Regeln aufgestellt. Regeln für das Verhalten der Schüler im Unterricht und auf dem Pausenhof. Regeln, die die Schüler ganz freiwillig einhalten wollen. Sie hängen ganz groß auf dem schwarzen Brett und lauten:

- Drangsalieren, Schikanieren, Beschimpfungen und körperliche Misshandlungen sind verboten.
- Keine Gruppe soll sich gegen Einzelne zusammentun.
- Jeder soll das Gefühl haben, respektiert zu werden, keiner darf ausgeschlossen werden.
- Wenn jemand etwas Falsches gesagt hat, darf nicht gelacht werden.
- Probleme sollen gemeinsam gelöst werden.
- Alle tragen gemeinsam Verantwortung dafür, dass Bullies (Drangsalierer) nicht geduldet werden. Die rote Karte für alle Tyrannen!

Gute Idee! Findest du nicht auch?

Probleme lösen

Regeln helfen den Menschen, sich besser zu vertragen. Aber, was tut man, wenn trotzdem Probleme auftauchen und Konflikte entstehen? Wie geht man damit um? Wissenschaftler der Universität Heidelberg haben viele Jahre darüber nachgedacht. Und bei ihren Forschungen haben sie doch tatsächlich herausgefunden, wie man Frust und Zoff in der Schule vermeiden kann! Natürlich gibt es keine Patentrezepte. Das Nachdenken und Entscheiden kann dir niemand abnehmen. Für jede Situation musst du selbst eine geeignete Lösung finden. Es gibt aber ein paar Grundsätze, die dir helfen können, gute von schlechten Lösungen zu unterscheiden. Probiere die Ideen und Vorschläge doch mal aus!

An vielen Schulen gibt es inzwischen Mediatoren, also Streitschlichter. Oft sind es Schüler, die besonders geeignet sind und ausgebildet wurden, bei Konflikten zu helfen. Du kannst dich jederzeit an sie wenden, wenn du selber nicht mehr weiterweißt.

Grundsätze für die Konfliktlösung in der Schule

1. Lass Ärger, Wut und Zorn nicht spontan an anderen aus. Versuche ruhig zu bleiben und deine Gefühle in den Griff zu kriegen.
2. Sei aufmerksam und schätze die Lage ab. Wo liegt das Problem und wie lautet der Konflikt?
3. Ich-Botschaften können helfen, Streit zu vermeiden.

4. Denke nach und sammle Lösungsvorschläge. Wie lässt sich das Problem lösen? Was kann man tun, um sich wieder zu vertragen?
5. Wähle die besten Lösung aus.

Du findest sie, indem du vier Fragen beantwortest:
- Ist die Lösung gefährlich?
  (Wenn ja, ist sie eine schlechte Lösung und kommt nicht in Betracht)
- Wie würden sich die anderen dabei fühlen?
  (Wenn sich jemand schlecht dabei fühlt, ist sie eine schlechte Lösung und kommt nicht in Betracht)
- Ist die Lösung fair?
  (Wenn nicht, ist sie eine schlechte Lösung und kommt nicht in Betracht.)
- Wird die Lösung funktionieren?
  (Gute Lösungen muss man ausprobieren. Wenn sie nicht funktionieren, probiert man eine andere faire und ungefährliche Lösung aus.)

Wie gehts in deiner Klasse zu? Was würdest du ändern? Kommst du mit allen klar oder gibts auch bei dir manchmal Probleme? Wie gehst du mit Wut, Enttäuschung, Kritik um? Wie behandelst du deine Klassenkameraden? Bist du höflich, freundlich und fair oder foulst du so hemmungslos, dass man dich eigentlich vom Platz stellen müsste? Wenn du die folgenden Fragen beantwortest, findest du heraus, ob du in der Lage bist, dich gegenüber Lehrern und Klassenkameraden zu behaupten und sie dennoch einfühlsam, zuvorkommend, rücksichtsvoll zu behandeln.

Wie höflich, einfühlsam und fair bist du in der Schule?

Verdecke die rechte Seite, notiere die Antwort und vergleiche später!

Höflichkeit

1. Jule wetzt zum Sekretariat, um dort ein wichtiges Anmeldeformular abzugeben. Sie hat es ziemlich eilig. Die Tür zum Sekretariat ist geschlossen. Von innen hört man leise Stimmen. Was würdest du tun?

a) Zack, zack, du reißt die Tür auf, knallst wortlos das Formular auf den Tisch und eilst von dannen.

b) Du bist gutmütig und geduldig, deshalb wartest du und wartest und wartest vor der Tür, bis jemand herauskommt. Dann trittst du ein und gibst das Formular ab.

c) Du klopfst an, wartest auf eine Reaktion und trittst ein, wenn jemand »Herein« ruft. Du begrüßt die Personen im Raum und reichst dann der Sekretärin das Formular mit einer kurzen Erklärung. Dann verabschiedest du dich, schließt die Tür und gehst nach Hause.

1c) *Damit du die Besprechung der Lehrer im Sekretariat nicht störst, klopfst du an, wartest auf eine Reaktion und trittst erst ein, wenn jemand »Herein« ruft. Du begrüßt die Personen im Raum und reichst dann der Sekretärin das Formular mit einer kurzen Erklärung. Dann verabschiedest du dich und schließt die Tür.*

Merke:
Bevor man in öffentlichen Gebäuden einen Raum mit geschlossener Tür betritt, immer anklopfen!

---

2. Ines kommt zu spät zur Schule, weil die S-Bahn Verspätung hatte. Als sie die Tür zum Klassenzimmer öffnet, schaut die Lehrerin ganz streng. Was soll Ines tun?

a) Ines soll sagen: »Entschuldigung, die S-Bahn hatte Verspätung« und sich ganz schnell an ihren Platz setzen.

b) Ines soll sich einfach an ihren Platz setzen und keine Erklärung abgeben.

c) Ines soll erst nach der Stunde ins Klassenzimmer gehen, um nicht zu stören.

2a) *Jede Unpünktlichkeit stört den Unterricht. Wenn du (verschuldet oder unverschuldet) zu spät kommst, musst du dich auf alle Fälle kurz entschuldigen. Vermeide lange Erklärungen, da sie den Unterricht unterbrechen.*

Merke:
Kommt man in der Schule zu spät, entschuldigt man sich kurz.

Umgang mit Lehrern

3. Max will seinen Mathelehrer in der Pause dringend sprechen, denn er hat eine Aufgabe nicht verstanden. Der Mathelehrer unterhält sich gerade auf dem Gang mit einem Kollegen. Wie soll er sich am besten bemerkbar machen?

a) Gar nicht. Er soll einfach warten, bis die Lehrer ihn ansprechen.

b) Er soll auf eine Gesprächspause warten und dann kurz einen Satz sagen wie: »Entschuldigen Sie bitte, Herr Müller. Haben Sie kurz Zeit?«

c) Er soll laut und deutlich sagen: »Herr Müller, ich hab was nicht verstanden.« Er kann den Lehrern ruhig ins Wort fallen, denn es geht ja um ein Problem im Unterricht.

3b) *Wenn zwei sich unterhalten, fällt man ihnen nicht ins Wort. Das gilt natürlich auch für Lehrer. Du wartest einfach auf eine Gesprächspause und sagst z. B. »Entschuldigen Sie bitte die Unterbrechung, ich hätte eine Frage an Herrn Müller.« Dann trägst du dein Anliegen vor und fragst nach, ob der Betreffende gerade Zeit hat.*

Merke:
Man fällt anderen nicht ins Wort, sondern wartet auf eine Gesprächspause.

---

4. Steffens Freund Max ist im Schulhof gestürzt und liegt ohnmächtig am Boden. Steffen rennt ins Schulhaus, um Hilfe zu holen. Zwei Lehrer unterhalten sich gerade vor dem Klassenzimmer. Darf Steffen ihr Gespräch unterbrechen?

a) Ja klar, in Notfällen darf man jedes Gespräch unterbrechen.

b) Nein, er muss auf eine Gesprächspause warten.

c) Steffen soll die beiden reden lassen und im zweiten Stock im Lehrerzimmer oder im Sekretariat Hilfe holen.

4a) *In Notfällen kann man selbstverständlich jedem ins Wort fallen und eine Unterhaltung unterbrechen. Erste Hilfe hat immer Vorrang!*

Merke:
In Notfällen darf man jedem ins Wort fallen.

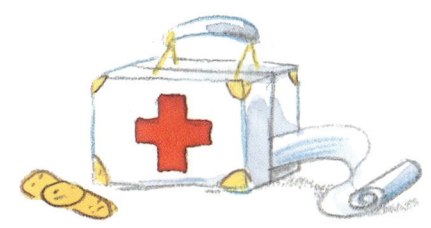

5. Saskia findet ihren Englischlehrer ungerecht und fühlt sich von ihm abgelehnt. Immer bekommt sie eine Standpauke, wenn alle Schüler tuscheln. Und ihre Englischarbeit wird immer strenger bewertet als die ihrer Klassenkameraden. Soll sie mit ihrem Englischlehrer darüber sprechen?

a) Ja. Saskia soll ihm gehörig die Meinung sagen: »Sie können mich nicht leiden, das wissen alle. Aber meine Eltern werden sich beim Direktor über Sie beschweren.«

b) Nein. Saskia soll nicht mit dem Englischlehrer sprechen. Das bringt ja doch nichts.

c) Saskia soll einen günstigen Zeitpunkt für ein Gespräch wählen (z.B. nach der Schule) und sich freundlich beschweren: »Ich fühle mich ungerecht behandelt. Ich finde es nicht fair, dass …«

5c) *Wer sich von seinem Lehrer ungerecht behandelt fühlt, muss mit ihm darüber sprechen. Bevor du deine Eltern einbeziehst, kannst du erst einmal versuchen, die Sache mit ihm allein zu klären. Aber verzichte bitte auf Vorwürfe und Unterstellungen. Erkläre, wie du dich fühlst, und erinnere dich an das Geheimnis der Ich-Botschaften! Wenn du deinem Lehrer klar und höflich sagst: »Ich fühle mich ungerecht behandelt, weil …« oder: »Ich finde es nicht fair, dass …«, wird er sich mit dir beschäftigen, darüber nachdenken. Vielleicht kann er seine Reaktionen erklären oder versuchen sich zu ändern. Auch Lehrer machen manchmal Fehler! Wenn er dich weiterhin ablehnt, kannst du deine Eltern bitten, mit ihm zu reden.*

Merke:
Kritik am Lehrer bringt man sachlich, klar und höflich vor.

---

6. Herr Müller steht vor der Klasse. In seinem Haar hat sich ein Blatt verfangen, das bei jeder Bewegung hin und her wackelt. Alle starren gebannt auf das Blatt. Was sollst du machen?

a) Gar nichts. Du tuschelst und kicherst vielleicht, so wie die anderen.

b) Du meldest dich im Unterricht und sagst z.B.: »Entschuldigen Sie, Herr Müller, in ihrem Haar hat sich ein Blatt verfangen.«

c) Du machst ihn in der Pause auf das Missgeschick aufmerksam.

6b/c) *Lehrer sind Menschen. Auch ihnen kann einmal ein Missgeschick passieren. Und wie jeder andere freuen sie sich, wenn man sie höflich darauf aufmerksam macht. Ob während des Unterrichts oder danach, ist unwichtig.*

Merke:
Ein Missgeschick übersieht man taktvoll oder man macht den anderen höflich darauf aufmerksam.

Zuwendung und Freundlichkeit

7. Nicola erzählt ihren Freundinnen Laura und Nina begeistert von ihrem Besuch auf dem Bauernhof am Wochenende. Laura blättert dabei in einem Comicheft, Nina schaut sich immer wieder nach Maxi und Tobias um, die laut lachen. Nicola hört auf zu reden. Sie ist unsicher und enttäuscht. Kannst du sie verstehen?

a) Ja, denn sie weiß ja gar nicht, ob die anderen ihr überhaupt zuhören.

b) Nein. Nicola hat keinen Grund, enttäuscht zu sein. Die anderen sind doch nicht verpflichtet, sich jede langweilige Story anzuhören.

c) Nein, warum?

7a) *Man hört aufmerksam zu, wenn jemand etwas erzählt. Dabei schaut man ihm in die Augen und teilt durch kurze Sätze oder Mimik mit, dass man verstanden hat. Wer nicht richtig zuhört, signalisiert, dass er das, was der andere sagt, nicht für wichtig hält.*

Merke:
Es ist sehr unhöflich, anderen nicht aufmerksam zuzuhören.

8. Mia sucht ihre neuen Turnschuhe. Sie kann sie nirgends finden und ist schon ganz verzweifelt. Jule steht daneben und schaut zu. Verhält sie sich richtig?

a) Nein. Sie soll Mia trösten und ihr bei der Suche helfen.

b) Ja. Sie soll Mia in Ruhe lassen und sich nicht in fremde Angelegenheiten einmischen.

c) Weiß nicht. Vielleicht könnte sie sagen: »Immer verlierst du etwas. Du bist echt ein Schussel.«

8a) *Abwertende Kommentare schaffen eine schlechte Stimmung in der Klasse, helfen niemandem und sind daher überflüssig. Hilfsbereitschaft ist eine gute Eigenschaft und fördert den Zusammenhalt in der Klasse. Hat ein Schüler etwas verloren, ist es keine distanzlose Einmischung, wenn man ihm bei der Suche hilft.*

Merke:
Sei hilfsbereit, wenn ein Klassenkamerad ein Problem hat.

9. Tobias hat sich ein Bein gebrochen und liegt im Krankenhaus. Soll ihn Daniel, der neben Tobias sitzt, besuchen?

a) Ja, Kranke freuen sich über jede Anteilnahme.

b) Keine Ahnung, vielleicht dann, wenn die beiden eng befreundet sind.

c) Nein. Klassenkameraden muss man nicht besuchen.

9a) *Enttäuschte, traurige und kranke Klassenkameraden fühlen sich besser, wenn man ihnen Anteilnahme zeigt. Wenn ein Kind für längere Zeit ins Krankenhaus muss, ist es besonders auf die Anteilnahme der anderen angewiesen. Besuche deinen Klassenkameraden im Krankenhaus oder schreibe ihm wenigstens einen Brief, auch wenn du nicht eng mit ihm befreundet bist. Er wird dir dankbar sein.*

Merke:

Anteilnahme an den Problemen der anderen stärkt die Klassengemeinschaft.

---

10. Nicolas Nebensitzerin Pia ist krank und liegt zu Hause im Bett. Nicola wohnt ein paar Häuser weiter. Muss sie Pia besuchen und ihre Hefte vorbeibringen?

a) Nein. Pia muss sich selbst darum kümmern, den Stoff nachzuholen.

b) Nein, aber Pia würde sich über Nicolas zuvorkommendes Verhalten sehr freuen.

c) Ja, das ist selbstverständlich, auch wenn die beiden nicht befreundet sind.

10b) *Eine Verpflichtung zu Anteilnahme, Freundlichkeit und Zuvorkommenheit gibt es natürlich nicht. Du musst deiner kranken Klassenkameradin nicht die Hefte vorbeibringen. Es ist aber sehr zuvorkommend und freundlich von dir, wenn du sie besuchst, bevor sie dich darum bitten muss.*

Merke:

Zuvorkommenheit, Freundlichkeit, Anteilnahme schaffen gute Stimmung in der Klasse.

Fairness

11. Jan hat Geburtstag. Seine Mutter hat ihm 22 Schokoriegel mitgegeben, für jedes Kind in der Klasse einen. Jan hält die Tüte auf und ruft: »Bedient euch. Jeder kriegt einen.« Wer benimmt sich nicht fair?

a) Daniel, weil er sich zwei Schokoriegel nimmt.

b) Lukas, weil er sich nicht bedankt.

c) Jan, weil er die Schokoriegel nicht selbst verteilt.

11a/b) *Wer nur an seine eigenen Interessen denkt, lebt auf Kosten der Gemeinschaft. Wenn sich Daniel zwei Schokoriegel nimmt, obwohl für jeden nur einer vorgesehen ist, geht ein Schüler leer aus. Das ist nicht fair. Auch ein Schokoriegel ist ein Geschenk, für das man sich bedanken sollte.*

Merke:

1. Sich auf Kosten der Gemeinschaft Vorteile zu ergattern, ist unfair.

2. Auch kleine Geschenke und Gefälligkeiten erfordern ein »Danke«.

12. Vera schaukelt nach der Schule auf dem Spielplatz. Daniela wartet schon sehr lange. Sie will auch schaukeln. Ist Veras Verhalten unfair?

a) Ja, sie könnte Daniela auch mal schaukeln lassen.

b) Nein, Vera war schließlich zuerst da.

c) Jeder kann doch schaukeln, so lange er will, oder?

12a) *Die Schaukel auf öffentlichen Spielplätzen ist Gemeinschaftseigentum. Wer die Schaukel sehr lange besetzt, handelt unfair. Faire und rücksichtsvolle Kinder schaukeln eine Weile und überlassen dann einem andern den Platz.*

Merke:
Nur an sich selbst zu denken, ist nicht fair.

---

13. Jule hat Laura anvertraut, dass sie Lukas aus der 4a so süß findet, und gebeten, dieses Geheimnis niemandem zu erzählen. Am nächsten Tag schreit Laura in der Klasse herum: »Wisst ihr was? Laura ist in Lukas verknallt!« War das fair?

a) Nein. Das war sehr unfair und ein Vertrauensbruch. Gute Geheimnisse darf man nicht weitererzählen.

b) Ja klar. Vielleicht hat Laura einfach vergessen, dass sie versprochen hat, das Geheimnis nicht weiterzuerzählen.

c) Keine Ahnung.

13a) *Wer Geheimnisse ausplaudert, begeht Vertrauensbruch und handelt deshalb unfair. Dies gilt allerdings nur für »gute« Geheimnisse. »Schlechte Geheimnisse« dürfen, müssen wir sogar ausplaudern.*

Merke:
»Gute« Geheimnisse, die ein anderer uns anvertraut, behalten wir für uns.

Gute und schlechte Geheimnisse

»Gute Geheimnisse« schaden oder belasten weder uns selbst noch andere. »Schlechte Geheimnisse« sind geplante oder bereits durchgeführte Handlungen, die uns selbst oder einem anderen Schaden zufügen, seelisch oder körperlich verletzen können. Behalten wir dieses Geheimnis für uns, schaden wir uns selbst und anderen. Drogenmissbrauch, Gewalt oder sexueller Missbrauch fällt unter die schlechten Geheimnisse. Betroffene Kinder, die sich nicht an Eltern oder Lehrer, sondern lieber an eine neutrale Vertrauensperson wenden möchten, finden anonyme Hilfe beim Kinderschutzbund unter der Telefonnummer 08 00-1 11 03 33, kostenlos, Montag bis Freitag 15.00–19.00 Uhr: »Hast du Fragen oder Probleme? Dann ruf uns an: Wir hören zu – so lange du willst, und alles bleibt unter uns.« Die Nummer gegen Kummer ist oft besetzt, aber irgendwann kommt jeder durch und kann Hilfe finden.

14. Herr Bürkle, der Mathematiklehrer, scheint in Frau Munz, die Religionslehrerin, verliebt zu sein. Tobias hat eine Tüte Pfefferminzbonbons an die Tafel gemalt und darauf geschrieben »Dr. Bürkles Pfeffermunz«. Da kommt Herr Bürkle herein und wird zuerst knallrot, dann muss er lachen. »Wer war das?«, fragt er. Daniel ruft: »Tobias war das.« Hat sich Daniel fair verhalten?

a) Nein, Daniel war unfair, denn Mitschüler verpetzt man grundsätzlich nicht.

b) Ja. Tobias hat sich über den Lehrer lustig gemacht und es ist richtig, ihm mitzuteilen, von wem die Zeichnung stammt.

c) Nein. Tobias hat Herrn Bürkle seelisch nicht verletzt, er hat ihm nur einen harmlosen Streich gespielt. Herr Bürkle musste selbst darüber lachen. Deshalb war es nicht fair von Daniel, Tobias zu verpetzen.

14c) *Wenn der Lehrer selbst über den Streich lachen kann, fühlt er sich wohl kaum seelisch verletzt. Wer seine Mitschüler bei harmlosen Streichen verpetzt, handelt deshalb unfair.*

Merke:

Mitschüler verpetzt man nur, wenn sie Gewalt (verletzende Worte, Ausgrenzung, Mobbing, Prügel) anwenden.

15. Tobias und Christopher haben auf dem Schulweg von einem Jugendlichen Tabletten geschenkt bekommen. Angeblich sind es harmlose Substanzen, die gute Laune, aber nicht abhängig machen. »Versprich mir, dass du das niemandem verrätst!«, sagt Tobias zu Daniel. Daniel nickt, aber er erzählt seinen Eltern von dem Vorfall. War das richtig?

a) Nein. Jedes Geheimnis muss man bewahren. Daniel hat Vertrauensbruch begangen.

b) Ja. Schlechte Geheimnisse muss man nicht für sich behalten. Man hat sogar die Pflicht, andere vor Gefahren zu bewahren.

c) Vielleicht. Ich weiß es nicht.

15b) *Drogenmissbrauch gehört zu den schlechten Geheimnissen. Es hilft unserem Freund nicht, wenn wir seinen Eltern gegenüber die Drogenabhängigkeit verschweigen. In diesem Fall ist Petzen kein Vertrauensbruch und nicht unfair.*

Merke:

»Schlechte« Geheimnisse teilen wir einer Vertrauensperson (z. B. Eltern, Lehrern, Freunden) mit oder melden sie in einer dafür vorgesehenen Einrichtung (z. B. Jugendamt).

16. Jule verteilt auf dem Schulhof Einladungskarten. Sie will Mia, Siri, Elena, Lukas, Toni, Leander und Alexa zu ihrer Geburtstagsfeier einladen. Alexa, die alle Mädchen in der Klasse nach ihrer Pfeife tanzen lässt, droht an, dass sie nicht komme, falls »die Langweilerin Mia« auch eingeladen sei. Mia ist eine von Jules besten Freundinnen. Wie würdest du an Jules Stelle reagieren?

a) Mia nicht einladen.

b) Beide einladen, aber Alexa klar machen, dass es deine Geburtstagsfeier ist und dass du großen Wert auf Mias Anwesenheit legst.

c) Alexa nicht einladen.

16b) *Keiner kann dir vorschreiben, wen du einzuladen hast und wen nicht! Freundschaft heißt allerdings, zu seinen Freunden auch dann zu halten, wenn sie in Bedrängnis geraten sind oder von anderen abgelehnt werden. Nur wenn deine Freunde anderen direkt oder indirekt Gewalt antun, wenn sie andere herabsetzen oder verleumden, ist es wichtig, dich von ihren Handlungen zu distanzieren und zu versuchen, sie auf ihr fehlerhaftes Verhalten hinzuweisen.*

Merke:
Halte zu deinen Freunden, auch wenn sie von anderen grundlos abgelehnt werden.

Freundschaft

17. Anne und Raffael sind Freunde. Anne hat ihre Sammelkärtchen mitgebracht und will sie ihm im Pausenhof zeigen, Raffael will aber heute lieber mit den anderen Jungs Fangen spielen. Wie schafft es Raffael, Anne nicht zu enttäuschen?

a) Raffael soll Anne zuliebe darauf verzichten, mit den Jungs zu spielen.

b) Raffael könnte Anne aus dem Weg gehen und sagen: »Du ich hab heute echt kein' Bock auf so was! Sorry.«

c) Raffael fragt: »Können wir uns die Kärtchen auch nach der Schule ansehen? Ich würde jetzt gern erst mal mit den Jungs spielen. O.k.?«

17c) *Freundschaft heißt nicht, sich ständig nur mit einem einzigen Menschen zu beschäftigen und seine eigenen Wünsche zurückzustellen. Man kann durchaus mehrere Freunde gleichzeitig haben und ist nicht verpflichtet, nur mit einem einzigen zu spielen. Wichtig ist jedoch, fair mit jedem einzelnen umzugehen, sich offen mitzuteilen und dabei gleichzeitig zu versuchen, sich in die Situation des anderen einzufühlen.*

Merke:
Freundschaft heißt nicht Selbstaufgabe, aber Aufmerksamkeit für die Gefühle von anderen.

18. Lena bemerkt, dass Katrin allein an der Bushaltestelle steht, Katrin ist neu an der Schule, und Lena würde Katrin gerne kennen lernen. Wie macht sie das am besten?

a) Lena geht zu Katrin und sagt: »Hallo, ich bin Lena. Du wohnst doch auch in Harlaching, oder? Wie gefällt es dir in der neuen Klasse?«

b) Lena schweigt und wartet, bis Katrin sie anspricht.

c) Lena ruft: »Dieser Bus! Immer kommt er zu spät!«

18a) *Wer direkt auf andere zugeht, offen und klar seine Gefühle zeigt, wird leicht Freunde gewinnen. Wer darauf wartet, dass der andere den ersten Schritt tut, macht sich abhängig. Durch unverbindliche Fragen wie »Wohnst du auch in Schwabing?«, »Wie gefällt es dir in der neuen Klasse?« zeigt man Interesse am anderen, ohne aufdringlich zu werden. Und falls der andere doch kein Interesse an weiteren Kontakten zeigt, fällt uns bestimmt kein Zacken aus der Krone. Oder?*

Merke:
Wenn man jemanden näher kennen lernen will, stellt man sich vor und beginnt eine unaufdringliche Unterhaltung, aus der sich der andere jederzeit zurückziehen kann.

Umgang mit Ausgrenzung

19. Nese muss auf Wunsch ihrer Eltern in der Schule lange Röcke und altmodische Jacken anziehen. Milena, Laura und Saskia lachen über sie und machen sich über sie und ihren unaussprechlichen Nachnamen lustig. Nese fühlt sich anders als die anderen. Sie getraut sich schon gar nicht mehr in die Nähe der Clique. Jule gefällt das gar nicht. Was soll sie tun, wenn Nese wieder schikaniert und ausgegrenzt wird?

a) Jule soll sich raushalten. Nese muss lernen sich selbst zu helfen.

b) Jule könnte Nese trösten und zu den anderen sagen: »Hört auf, Nese zu schikanieren!«

c) Sie könnte die anderen beim Lehrer verpetzen.

19b) *Wer von anderen grundlos ausgegrenzt, herabgesetzt und schikaniert wird, verdient Mitgefühl und Solidarität der »Zuschauer«. Sie zeigen durch tröstende Worte und anteilnehmende Gesten, dass sie auf der Seite des Opfers sind. Verbündete unter den »Zuschauern« können helfen, wenn dem Einzelnen der Mut fehlt, den Tätern die rote Karte zu zeigen. Wenn wir uns aus Feigheit ganz heraushalten, werden wir zu Mittätern! Und aus Mittätern können auch einmal Opfer werden!*

Merke:
Ausgegrenzte und schikanierte Schüler brauchen unsere Anteilnahme, Tätern zeigen wir die rote Karte!

20. Sophie ist neu in der Klasse. Sie ist ein bisschen schüchtern. Und ein bisschen schusselig. Und ein bisschen dick. Und ziemlich unglücklich. Im Pausenhof steht sie immer allein herum. Mann, ist die uncool, flüstern die anderen Mädchen und machen sich über Sophies Kleidung lustig. Jule steht daneben. Sie schweigt. Was würdest du an Jules Stelle tun?

a) Mit den anderen mitlachen.
b) Mit Sophie ein Gespräch anfangen.
c) Weggehen und dir eine Brezel kaufen.

20b) *Über andere zu lachen, die sich unglücklich fühlen, ist nicht nur unhöflich, sondern grausam. Versuche dich in die Lage derer, die ausgeschlossen sind, hineinzuversetzen. Dann spürst du vielleicht, wie isoliert sie sich fühlen und dass sie sich nichts mehr wünschen, als Anschluss an die Klassengemeinschaft zu finden. Ausgegrenzte sind Opfer, die Solidarität verdienen. Unterhalte dich mit ihnen, zeig deine Anteilnahme und versuche sie nach und nach einzubeziehen.*

Merke:
Man schließt einen Mitschüler nicht aus der Klassengemeinschaft aus, wenn er keinem etwas zuleide getan hat.

Umgang mit Ärger und Wut

21. Max hat sich, ohne zu fragen, in der Pause Daniels Lineal geschnappt und es nicht wieder zurückgebracht. Daniel ist stinksauer, denn nun fehlt es ihm in der Mathestunde. Was würdest du tun?

a) Max beim Lehrer verpetzen, damit du das Lineal sofort zurückbekommst.
b) Max in der Pause zur Rede stellen und ihm mitteilen, wie du dich fühlst.
c) Max nach dem Unterricht verprügeln.

21b) *Man verpetzt seine Mitschüler nicht, es sei denn, sie üben Gewalt aus. Rücksichtslosigkeit mit direkter oder indirekter Gewalt (Gemeinheiten, verletzende Worte, Prügel) zu beantworten, ist keine gute Lösung. Versuche vernünftig mit deiner Wut oder Enttäuschung umzugehen.*

Merke:
Ärger und Wut an anderen auszulassen, hilft nicht, Probleme zu lösen.

Was tun bei Ärger und Wut?

Bist du zu Hause, kannst du auf die Matratze einschlagen oder deine Wut ins Kissen schreien. Das hilft manchmal. In der Schule musst du versuchen, deine Gefühle in den Griff zu kriegen. Unsere Wissenschaftler aus Heidelberg kennen drei gute Tricks:

1. Tief Luft holen und wieder ausatmen.
2. Rückwärts bis 10 zählen
3. An etwas Schönes denken.

Probiers mal aus! Danach bist du ruhiger, kannst besser denken und wirst eine vernünftige Lösung finden.

22. Alex hat Lukas aus Versehen geschubst und sich entschuldigt. Lukas ist trotzdem wütend, weil sein Knie ziemlich wehtut. Wie soll er reagieren?

a) Lukas soll zurückschubsen und sagen: »Spinnst du!«

b) Lukas soll versuchen ruhig zu bleiben. Dann könnte er z.B. sagen: »Mein Knie tut zwar ziemlich weh, aber du hast es ja nicht mit Absicht gemacht.«

c) Lukas soll gar nichts sagen, aber sich innerlich vornehmen, es Alex irgendwann heimzuzahlen.

22b) *Rachegedanken und die Haltung: »Wie du mir, so ich dir« vergiften die Atmosphäre in einer Gruppe. Wenn der andere sich für ein Versehen aufrichtig entschuldigt, nimmt man die Entschuldigung auch an. Nachtragend zu sein, hilft niemandem.*

Merke:
Aufrichtige Entschuldigungen nimmt man an.

---

23. Milena hänselt Lea ständig wegen ihrer O-Beine und behauptet, sie sei hässlich. Lea ist traurig und wütend. Wie soll sie sich verhalten?

a) Lea soll versuchen sich zu beruhigen und an etwas anderes zu denken. Sie könnte Milena nach der Schule sprechen und z.B. sagen: »Ich bin sauer über dich. Ich fühle mich von dir schlecht behandelt. Warum tust du das?«

b) Lea soll Milenas Schwachpunkte herausfinden, sie mit Worten schikanieren und so richtig fertig machen.

c) Lea soll sich zurückziehen und Milena aus dem Weg gehen.

23a) *Menschen, die zu direkter und indirekter Gewalttätigkeit neigen, haben meist schlechte Vorbilder und Probleme. Ihre Opfer suchen sie sich oft unter den vermeintlich Schwächeren, die sich nicht wehren. Am besten geht man gewalttätigen Menschen aus dem Weg, denn viele sind seelisch krank und brauchen therapeutische Hilfe. Es gibt aber auch immer wieder ganz »normale« Schüler, die gar nicht spüren, wie sehr sie ihre Klassenkameraden mit Worten verletzen. Probiere also ruhig einmal aus, wie ein notorischer Hänsler reagiert, wenn du ihm sagst, wie du dich fühlst. Ich-Botschaften können manchmal Wunder wirken!*

Merke:
1. *Gewalttätigen Menschen geht man aus dem Weg.*
2. *Wenn uns jemand mit Worten verletzt, versuchen wir uns zuerst zu beruhigen. Dann erst überlegen wir uns eine Lösung.*

Umgang mit Enttäuschung und Ausgeschlossensein

24. Lisa steht im Schulhof immer abseits. Was kann sie tun, um bemerkt zu werden?

a) Sie kann zu den anderen gehen und warten.

b) Sie kann eine freundliche Bemerkung fallen lassen und fragen, was die anderen gerade machen.

c) Sie kann fragen, ob sie mitspielen kann.

24a/b/c) *Man muss sich nicht damit abfinden, ausgegrenzt zu werden. Man kann nach Lösungen suchen. In unserem Beispiel kann jede der drei Lösungen richtig sein. Man muss sie ausprobieren, um feststellen zu können, ob sie funktionieren. Wichtig ist, dass man sich nicht entmutigen lässt, wenn die Lösungsversuche nicht sofort klappen. Hab Geduld!*

Merke:

Gute Lösungen muss man ausprobieren. Wenn sie nicht klappen, probiert man andere Lösungen aus.

---

25. Sascha interessiert sich für eine Gruppe Jungen in seiner Klasse. Er findet heraus, dass die Clique zu einem Fußballspiel gehen will. Sascha würde gerne mitgehen. Was soll er tun?

a) Sascha soll gar nichts tun. Er wird nur enttäuscht werden, denn in eine feste Clique kommt man einfach nicht rein.

b) Sascha soll zu den Jungen gehen und behaupten, dass er schon in der Jugendmannschaft von Bayern München gespielt hat, auch wenn das nicht stimmt. Das könnte ihnen vielleicht imponieren.

c) Sascha könnte abwarten, bis sich eine passende Gelegenheit ergibt, mit den Jungen zu reden und nachfragen, ob er vielleicht auf das Fußballspiel mitkommen könnte.

25c) *Gute Freunde zu finden erfordert Zeit. Durch Lügen und Angeben geht es nicht schneller. Wenn man sich wünscht, in eine Clique aufgenommen zu werden, braucht man Geduld und ein dickes Fell. Warte einfach darauf, bis sich eine Gelegenheit ergibt, mit den anderen zu sprechen, und frage offen nach, ob du mitkommen kannst. Das Schlimmste, was dir passieren kann, ist, dass sie Nein sagen. Teile ihnen ruhig mit, dass du enttäuscht darüber bist, aber ziehe dich dann zurück. Aufdringlichkeit wirkt abstoßend. Und dann? Dann wirst du dich in Ruhe weiter umschauen und irgendwann Freunde finden, die mit dir nicht dieses, aber vielleicht ein anderes Fußballspiel besuchen.*

Merke:

Manchmal muss man abwarten, bis sich die richtige Gelegenheit ergibt, echte Freunde zu finden.

26. Antonias beste Freundin Sarah spielt im Pausenhof nur noch mit der Clique um Laura. Antonia fühlt sich von Laura abgelehnt und ausgeschlossen. Was kann sie tun?

a) Antonia kann nachdenken und entscheiden, ob sie mit Absicht ausgeschlossen worden ist. Dann kann sie fragen, ob sie mitspielen kann.

b) Antonia soll einfach allein bleiben und nie wieder mit Laura spielen.

c) Antonia soll Sarah beschimpfen und sagen, dass sie nicht mehr ihre Freundin ist.

26a) *Wer ausgegrenzt wird, fühlt sich abgelehnt, ist traurig und wütend. Patentrezepte, wie man mit negativen Gefühlen und Ablehnung zurechtkommt, gibt es nicht. Manchmal braucht es Zeit, geeignete Lösungen für Probleme und Konflikte zu finden. Antonia könnte z. B. fragen, ob sie mitspielen kann. Wenn nicht, könnte sie fragen »Warum nicht?« und den anderen sagen, dass sie traurig darüber ist. Andere beschimpfen oder sich beleidigt ganz zurückzuziehen, ist auf Dauer bestimmt keine gute Lösung. Lösungen muss man ausprobieren, dann wird jeder irgendwann den Weg finden, der für ihn richtig ist.*

Merke:
Fühlen wir uns ausgeschlossen, nehmen wir uns Zeit, eine gute Lösung für unser Problem zu finden.

---

27. Dein Freund behauptet, du hättest seine CD zerkratzt, die er dir geliehen hat. Du bist aber ganz sicher, dass der Kratzer nicht von dir stammt. Wie verteidigst du dich?

a) Du rufst: »Hast du sie nicht mehr alle? Der Kratzer war schon drin!«

b) Du versuchst ruhig zu bleiben und sagst: »Ich bin ganz sicher, dass die CD schon zerkratzt war. Hast du sie vielleicht vor mir schon jemand anderem geliehen?«

c) Du ersetzt die CD, damit er nicht böse auf dich ist.

27b) *Du musst nicht deinem Freund zuliebe Fehler eingestehen, die du nicht begangen hast. Versuche ihn sachlich und freundlich davon zu überzeugen, warum du dir so sicher bist, dass du keinen Fehler gemacht hast. Wenn er dir nicht glaubt und weiterhin böse mit dir ist, ist er kein guter Freund.*

Merke:
1. *Freundschaft lässt sich nicht durch Unterordnung und Lüge erkaufen. Gestehe nur die Fehler ein, die du auch begangen hast!*
2. *Aus Fehlern kann man lernen. Fehler zugeben, die man begangen hat, ist ein Zeichen von Reife.*

Umgang mit Kritik und Vorwürfen

28. Dein Lehrer behauptet, deine Schrift sei unleserlich, und verlangt von dir, deinen Aufsatz noch einmal sauber abzuschreiben. Du bist empört. Was machst du?

a) Du wendest dich an deine Mutter und bittest sie, sich beim Lehrer über diese Schikane zu beschweren.

b) Du schreibst den Text ab, schwörst dir aber, die anderen Schüler gegen diesen Lehrer aufzuhetzen.

c) Du überlegst, ob der Lehrer mit seiner Kritik richtig liegt. Wenn auch andere deine Schrift kaum lesen können, ist es wohl erforderlich, diese zu verbessern und den Aufsatz noch einmal zu schreiben. Wenn nicht, fragst du deinen Lehrer freundlich, warum er die Schrift nicht lesen kann.

28c) *Kritik an der eigenen Person ist nicht immer leicht zu ertragen. Jegliche Kritik anderer empört von sich zu weisen, hilft uns aber auch nicht weiter. Wer sich bemüht, darüber nachzudenken, ob die Kritik ganz oder teilweise berechtigt ist, kann eigene Fehler leichter erkennen und aus ihnen lernen. Ist die Kritik unberechtigt, wird das auch ein Lehrer einsehen, wenn man sachliche Argumente höflich vorträgt.*

Merke:
1. *Wer offen für Kritik ist, kann aus seinen Fehlern lernen.*
2. *Unberechtigte Kritik kann man durch gute Argumente entkräftigen.*

Umgang mit Gruppendruck

29. Isabells Kätzchen ist entwischt und auf einen Baum geklettert. Nun traut es sich nicht mehr herunter. Isabell bittet ihren Freund Patrick, auf den Baum zu klettern und es zu holen. Das Kätzchen ist ganz hoch oben im Geäst. Was soll Patrick tun?

a) Patrick soll seinen Mut beweisen und hochklettern.

b) Patrick soll eine Ausrede gebrauchen und behaupten, er habe keine Zeit.

c) Patrick soll sagen: »Nein, tut mir Leid. Es ist zu gefährlich, auf diesen Baum zu klettern.«

29c) *Patrick will Isabell nicht enttäuschen. Doch es kann gefährlich sein, auf einen hohen Baum zu klettern. Und was gefährlich ist, ist niemals eine gute Lösung. Hilfsbereitschaft hat Grenzen. Wenn »Freunde« uns ausnutzen und als Freundschaftsbeweis gefährliche oder gewalttätige Handlungen von uns verlangen, müssen wir uns verweigern und laut und deutlich Nein sagen. Patrick könnte die Gründe für seine Entscheidung nennen und eine (gute) Ersatzlösung anbieten.*

Merke:
Gefährliche Lösungen sind keine guten Lösungen, auch wenn Freunde Druck machen.

30. Marina verlangt von dir, an Toms Rücken einen Zettel zu befestigen, auf dem steht: »Ich bin ein Wichser.« Was machst du?

a) Du spielst bei dem Streich mit und hängst Tom den Zettel an.

b) Du sagst: »Nein. Das ist nicht lustig. Da mach ich nicht mit.«

c) Du redest dich heraus und sagst: »Jetzt nicht.«

30b) *Jemand als »Wichser« zu bezeichnen, ist nicht lustig. Wörter aus der Fäkal- und Analsprache oder sexuell erniedrigende Wörter sollte man niemals in den Mund nehmen.*
Der Zettel mit der Aufschrift »Wichser« soll Tom lächerlich machen und könnte ihn verletzen, auch wenn er es nicht zeigt. Herabsetzende Worte und verletzende Handlungen sind keine harmlosen Streiche. Sage deshalb klar und deutlich, dass du dabei nicht mitmachst und warum.

Merke:
Wenn andere herabgesetzt und lächerlich gemacht werden sollen, sagt man klar und deutlich: »Nein, da mache ich nicht mit.«

---

31. Lukas, Iwan und Kevin haben den Schulhof verlassen und sich vor der Schule eine Zigarette angezündet. Sebastian kommt vorbei. Die andern fragen: »Willste auch eine?« Wie würdest du an seiner Stelle reagieren.

a) Die Zigarette annehmen, denn du wolltest schon immer wissen, wie eine Zigarette schmeckt.

b) Du sagst: »Nein danke. Kein Bock auf Gifte.«

c) Du behauptest, diese Zigarettenmarke würde dir nicht schmecken.

31b) *Wenn du mal eine Zigarette probiert hast, wirst du merken, dass sie scheußlich schmeckt und dich zum Husten bringt. Es ist dumm und gefährlich, wenn du nur deshalb mit dem Rauchen anfängst, weil du zu den vermeintlich Coolen in der Klasse gehören willst. Rauchen macht abhängig und schädigt die Gesundheit. Wer dich hänselt oder ausschließt, weil du dich dafür entscheidest, Nichtraucher zu bleiben, ist kein Freund.*

Merke:
Rauchen macht abhängig, ist ungesund und gefährlich.

Enttäuscht? Was nun?

Vielleicht helfen dir diese Tipps der Heidelberger Wissenschaftler:

1. Beruhige dich und lenke dich erst einmal ab.
2. Lass dich nicht entmutigen.
3. Denk nach, warum man dich enttäuscht haben könnte.
4. Mache einen neuen Plan, wie dein Problem gelöst werden kann.

32. Laura und Kristina haben Langeweile. Da kommt Siri vorbei, die kleine Brave mit den guten Noten. »Der spielen wir mal wieder einen Streich!«, kichert Laura. Sie lassen Siri einen Zettel zuschieben, in dem steht: »Weißt du eigentlich, wie dumm du bist? Du bist zwar gut in der Schule, aber sonst bist du blöd, null Durchblick, echt. Ändere dich gefälligst! Sonst gehörst du nämlich nicht in diese Klasse.« Siri liest den Zettel und muss weinen. Jule hat zufällig alles mitgelesen. Sie weiß, wer den anonymen Brief geschrieben hat. Was soll sie tun?

a) Siri trösten und Laura und Kristina bei Gelegenheit zur Rede stellen.

b) Den Vorfall dem Lehrer melden.

c) Zu Laura und Kristina gehen, mit ihnen flüstern und heimlich über Siri kichern.

32a) *Jemanden mit anonymen Briefen zu demütigen, ist ein grausames Verhalten. Menschen, die Freude daran empfinden, andere zu quälen, sind gestört. Versuche den Mitschülern beizustehen, denen Unrecht angetan wird. Melde es dem Lehrer, wenn Mitschüler einen anderen über Monate hinweg mobben, wenn sie nicht mit sich reden lassen und durch nichts von ihren Schikanen abzubringen sind. Vergiss nicht, das Opfer zu trösten, denn Anteilnahme stärkt.*

Merke:
Es ist nicht nur unhöflich, sondern schändlich, andere mit Worten zu demütigen.

Mobbing, nein danke!

Über die Macht der »Fiesen und Gemeinen« hat sich 1788 schon Knigge aufgeregt und festgestellt: »Wir sehen manchen Redlichen fast allgemein verkannt.« Wenn »Redliche«, die keinem etwas getan haben, in der Schule oder am Arbeitsplatz von bösartigen Mitmenschen über Monate hinweg schikaniert werden, nennt man das heute »Mobbing«. Das Wort kommt aus dem Englischen. »Mob« heißt Pöbel, »mobbish« pöbelhaft. »Mobbing« bedeutet Anpöbeln, Fertigmachen, Druck und Psychoterror auf jemanden ausüben. Typisch sind z. B. ständige Hänseleien, Herabsetzungen, Ausgrenzungen. Mobber verweigern ohne Grund den Kontakt, behandeln den Gemobbten wie Luft, lassen ihn nicht mitspielen oder ausreden, strafen ihn mit abwertenden Blicken, belästigen ihn am Telefon, schreiben ihm anonyme Briefe, reden hinter dem Rücken schlecht über ihn oder verbreiten Lügen. Mobbing kann jeden treffen! Wende dich an Eltern, Lehrer, Schulleitung und Beratungsstellen, wenn du dich schon seit langem (über ein halbes Jahr) gemobbt fühlst oder beobachtest, dass andere schikaniert oder ausgegrenzt werden. Mobber darf man nicht nur, man muss sie sogar verpetzen! Tipps und Trost von Mobbing-Opfern gibts unter www.schueler-mobbing.de.

6. Allein unterwegs

Freizeitpläne

Endlich Wochenende! Fast so schön wie Ferien! Man kann morgens so richtig ausschlafen, den Schulranzen ohne schlechtes Gewissen in der Ecke stehen lassen und sich in aller Seelenruhe nur noch mit den Dingen beschäftigen, die wirklich Spaß machen. Man kann sich Trickfilme reinziehen, Musik hören, lesen, im Garten Radieschen säen, die Briefmarkensammlung in Ordnung bringen, Parfüm mischen oder endlich das Forschungsmaterial besorgen, das man zur Durchführung eines Regenwurm-Experiments braucht. Bei schönem Wetter warten Fahrrad, Roller, Skateboard und Rollerblades auf ihren Einsatz. Wie wärs mit einer Stippvisite bei Freunden oder Verwandten? Großmütter freuen sich immer über Besuch und sind meist Balsam für gestresste Schülerseelen. Man bestellt sich zum Mittagessen Pfannkuchen oder Kartoffelsuppe, lässt sich nachmittags mit Marmorkuchen und Bienenstich mästen und wird abends nicht mit Fragen nach dem letzten Test in Mathe belästigt. Vettern und Cousinen, die zu Weihnachten einen neuen Computer und jede Menge Software bekommen haben, sollte man allerdings auch nicht vernachlässigen ... Was nun? Wen willst du besuchen? Wohin solls gehen? Und was raten deine Eltern?

> *Mache einen Umweg, wenn du es eilig hast!*
> *Chinesische Weisheit*

Hör auf Mamas Rat!

Eltern finden wir manchmal schwierig. Vor allem Mütter. Manche kommen ständig ins Kinderzimmer und fragen, ob die Hausaufgaben erledigt sind. Andere nennen ihre Kinder vor deren Freunden »Schatz« oder »Mäuschen«. Nicht wenige lehnen die beliebtesten Fernsehsendungen ab oder tauchen plötzlich und unangemeldet im Pausenhof auf, um ein vergessenes Schulbuch zu reichen. Und ewig machen sie sich Sorgen. Gehört deine Mutter zu dieser Sorte? Bläut sie dir jeden Tag ein, sehr achtsam zu sein, wenn du allein unterwegs bist? Und das nicht nur beim Überqueren von Straßen und Bahnübergängen? Verlangt sie von dir, ge-

nau festzulegen, wie lange du wegbleibst und wann du wiederkommst? Nun, deine Mutter mag vielleicht einen anderen Geschmack haben, was Serien betrifft, und obwohl du sie lieb hast, empfindest du sie vielleicht gelegentlich als Nervensäge. In mindestens einem Punkt solltest du aber auf sie hören: Es kann viel passieren, wenn Kinder allein unterwegs sind! Sei deshalb immer vorsichtig! Versuche zuverlässig und pünktlich zu sein. Ruf an, wenn du dich verspätest, damit sich deine Eltern nicht unnötig Sorgen machen müssen. Argloses Vertrauen ist fehl am Platz:

> *»Sei höflich zu allen, aber freundschaftlich mit wenigen, und diese wenigen sollen sich bewähren, ehe du ihnen vertrauen schenkst«*
> George Washington (1732–1799)

- Meide beim Spazierengehen oder Fahrradfahren (vor allem abends) einsame Wege und halte dich immer in der Nähe von Menschen auf.
- Steige niemals in das Auto von Fremden und lass dich auch nicht dazu verlocken, wenn sie dir Süßigkeiten anbieten oder eine Model-Karriere versprechen oder behaupten, Polizisten zu sein, oder dir einreden wollen, deine Mutter läge im Krankenhaus.
- Folge keinem Fremden in abgelegene Gegenden oder Räume, auch wenn er noch so sympathisch aussieht.
- Auch Nachbarn, Freunde und Bekannte solltest du nur dann begleiten oder nach Hause einladen, wenn deine Eltern Bescheid wissen.
- Verzieh nicht das Gesicht, wenn du diese Sprüche zum hundertsten Mal hörst. Halte dich an die Vorsichtsmaßnahmen, die dir deine Mutter einrichtet. Sie ist verantwortungsvoll und kein Angsthase!

Handys können nützlich sein

Das Handy ist eine praktische Erfindung. Wenn du eins hast, kennst du ja seine Vorteile. Ist es aufgeladen und eingeschaltet, bist du rund um die Uhr fast überall erreichbar. Das Handy dient aber nicht nur dazu, seinen Freunden zehnmal am Tag eine SMS zu schicken. Man kann damit tatsächlich auch Eltern anrufen! Zum Beispiel, wenn man sich verspätet hat oder wenn man mit dem Auto abgeholt werden möchte. Auch in Notfällen ist es unersetzbar. Speichere die wichtigsten Notrufnummern sowie die Telefonnummer deiner Angehörigen ein, sodass du im Notfall schnell und gezielt reagieren kannst. Für lange Telefongespräche und Diskussionen über den Sinn des Lebens ist das kleine Gerät allerdings weniger geeignet. Nicht nur wegen der hohen Telefongebühren. Es ist nämlich noch immer nicht restlos geklärt, ob die vom eingeschalteten Handy ausgehende elektromagnetische Strahlung wirklich unschädlich für Menschen. Nutze das Handy deshalb nur für kurze, wichtige Telefonate. Vermeide Gespräche in öffentlichen Verkehrsmitteln oder im Restaurant. Nicht nur im Klassenzimmer, auch in Kirchen, Friedhöfen, im Kino, Theater, Konzertsaal, beim Arzt und natürlich im Krankenhaus und im Flugzeug muss das Handy sogar abgeschaltet werden.

Flugzeug, Bus und Eisenbahn

Busse, Züge, Flugzeuge, Schiffe, U- und S-Bahnen dienen dazu, auf möglichst kleinem Raum eine möglichst große Zahl von Menschen zu versammeln und zu befördern. Die Fahrt in öffentlichen Verkehrsmitteln ist deshalb selten komfortabel. Man wird gedrängt, gequetscht und gezwungen, seine Bewegungen einzuschränken. Nicht immer darf man Platz nehmen, oft sieht man sich genötigt zu stehen und nicht selten fühlt man sich wie eine Sardine in der Büchse. Ist das Fahrzeug erst einmal in Bewegung, gibt es kein Entkom-

men mehr. Für begrenzte Zeit ist und bleibt man Teil einer unfreiwilligen Fahrgemeinschaft, die sich erst an der nächsten Station auflösen kann. Standfestigkeit, Geduld, Toleranz und Schweigen sind im Wagon die höchsten Tugenden. Hat man sich stehend, kauernd, sitzend eingerichtet, zurechtgerückt, wartet man gemeinsam, träumt und döst, erträgt parfümierte Damen, schnarchende Geschäftsleute, mampfende Jugendliche, brüllende Säuglinge und kreischende Schulkinder. Man lauscht den Fahrtgeräuschen, wackelt, rattert, schaukelt mit und schläft ein …

Enge erfordert Rücksicht

Irgendwann wirds unbequem. Dieser enge Sitz! Kaum auszuhalten! Kleinkinder fangen an zu quengeln, winden sich aus dem Klammergriff ihrer Mütter, trippeln auf den Gängen und zwischen den Abteilen herum, wälzen sich auf Sitzlehnen und protestieren lautstark. Sie können noch nicht still sitzen und ihre Lage stumm ertragen. Sie haben noch nicht gelernt, Rücksicht zu nehmen. Man muss es ihnen nachsehen, dass sie noch nicht wissen, wie man sich in öffentlichen Verkehrsmitteln zu benehmen hat. Deshalb reagiert man auf die kleinen Störenfriede verständnisvoll und lächelt nachsichtig. Wenn Schüler herumturnen, trippeln und brüllen, kommt das bei den Fahrgästen in der Regel nicht mehr so gut an. Das Kofferradio auf volle Lautstärke zu drehen, die Füße mit Schuhen auf den Sitzen auszustrecken, an Haltegriffen festgeklammert zu schaukeln oder im Großraumabteil mit Taschen oder Rucksäcken Ball zu spielen, ist einfach rücksichtslos. Auch wenn man breitbeinig auf den Sitzen lümmelt, die Wände bekritzelt und diese mit abgekauten Kaugummis beklebt, kann es vorkommen, dass sich empörte Fahrgäste beschweren. Wundert dich das?

Zu Gast bei Freunden

Darfst du dieses Wochenende bei deiner Freundin übernachten? Oh, du hast sogar Erdbeeren für ihre Mutter mitgebracht! Guter Gedanke! Vermutlich wird sie sich darüber freuen. Du scheinst ja ein richtig angenehmer Gast zu sein! Nicht so unverschämt wie Kevin! Der nimmt sich doch tatsächlich in einem fremden Haushalt ohne zu fragen ein Joghurt nach dem anderen aus dem Kühlschrank. Telefoniert ewig, surft im Internet, macht es sich auf dem Sofa bequem, schaltet den Fernseher an und beißt in einen Apfel, den er sich aus der Obstschale gemopst hat. Er füttert die satten Meerschweinchen, schnüffelt in fremden Schränken und Schubladen und hinterlässt ein Chaos im Kinderzimmer. Mütter sind über derartige Verhaltensweisen selten entzückt. Du benimmst dich als Gast selbstverständlich ganz anders? Bei Tisch mäkelst du nicht am Essen herum und nimmst dir nur eine kleine Portion auf den Teller. Du verzichtest auf abwertende Kommentare oder altkluge Ratschläge. In der Wohnung tobst du nicht herum, dass alle Wände wackeln. Du fragst nach, ob du beim Tischdecken oder Aufräumen helfen kannst. Du schließt die Türe, wenn du aufs Klo gehst, und benutzt eine Klobürste, wenn es erforderlich ist. Du achtest darauf, dass das Waschbecken sauber bleibt, nachdem du dir die Hände gewaschen hast, und beseitigst nach dem Baden Ränder in der Badewanne. Wirklich? Du verhältst dich ja genau so, wie Mama dir das schon oft eingetrichtert hat! Perfekt!

Im Schullandheim

Aufregend, so eine Fahrt ins Schullandheim! Eine Woche lang weit weg von zu Hause! Kein Bruder, der nervt, aber auch keine Katze, die tröstend schnurrt, wenn man frustriert ist. Ob das Essen genießbar und das Bett bequem ist? Wie wirst du dich mit deinen Klassenkameraden vertragen? Was machst du, wenn du nicht einschlafen kannst? Keine Angst! Mit deinen Sorgen bist du nicht allein. Jedem in deiner Klasse geht es so, auch wenn keiner darüber spricht. Denk daran, was Papa immer wieder sagt: Eine Gruppenreise schweißt zusammen. Und wenn sie das doch nicht tut, wenn der Aufenthalt im Schullandheim höchstens ganz nett oder gar grauenvoll langweilig wird: In einer Woche ist er vorbei! Damit die sieben Tage dieser Woche erträglich, erfüllt oder vielleicht sogar superklasse werden, empfehlen sich wieder einmal die altbewährten guten Umgangsformen und Benimmregeln. Zuvorkommenheit, Rücksicht, Hilfsbereitschaft und Einfühlungsvermögen

Mit einer Hand lässt sich kein Knoten knüpfen.
Sprichwort aus der Mongolei

sind angesagt. Wichtig ist außerdem, dass sich keiner vor den täglichen Pflichten drückt. Mama kann dir im Schullandheim nicht hinterherräumen. Du musst schon selbst auf deine Siebensachen aufpassen, Ordnung in den Schlafräumen halten, die Betten machen, Duschen und Toiletten sauber hinterlassen. Fühle dich mitverantwortlich für den reibungslosen Tagesablauf. Hilf mit, den Tisch zu decken, aufzuräumen, in den Gemeinschaftsräumen zu fegen. Entwickle Teamgeist und achte nicht nur auf die eigene Bequemlichkeit. Dann könnte es doch tatsächlich passieren, dass du noch deinen Enkeln vorschwärmst, wie schön es damals war auf der Nachtwanderung und als die ganze Klasse Herrn Müller einen Streich gespielt hat und überhaupt …

Im Kino

Kino macht süchtig, vor allem wenn man Filme mag. Die guten Plätze befinden sich in der Mitte hinten, so viel ist bekannt, die vorderen Reihen sind tunlichst zu meiden, sofern man nicht vorhat, sich eine Genickstarre zuzulegen. Vor der Vorstellung deckt man sich mit Popcorn ein und trinkt Limo. Dann fängt der Film an. Es wird dunkel. Die Zuschauer scheinen zu verschwinden und machen Platz für Filmhelden, Witzfiguren und Bösewichte. Wir lassen uns entführen in fremde Welten, leben, lachen, zittern mit. Oh nein! Eine gefährliche Situation … Wird es dem Schurken gelingen, unsere Heldin zu ertappen? … Stille im Saal. Alle halten den Atem an. Pst! Wer raschelt denn da mit der Bonbontüte? Verhaltenes Hüsteln, dann wieder Schweigen. Geschafft! Die Heldin ist außer Gefahr. Szenenwechsel. Befreites Husten, Räuspern, Rascheln. Das Publikum atmet auf und wagt einen Griff in die Popcorntüte, bis eine spannende Szene das Blut erneut in den Adern gefrieren lässt. Man kann gar nicht hinsehen … Unruhe entsteht im Saal. Einige Zuschauer stehen plötzlich auf. Was ist los? Nanu, das ist ja Kevin! Kann er denn nicht pünktlich sein? Er zwängt sich durch die Sitzreihe und streckt dabei den Zuschauern auch noch den Po entgegen. Kevin, das macht man doch nicht! Man bewegt sich im Kino-, Theater- und Konzertsaal immer von Angesicht zu Angesicht durch die Sitzreihen. Hast du das nicht gewusst? Pst! Sei leise! Sprich nicht so laut! Man ver-

steht ja sonst gar nichts mehr! Und nimm bitte den Cowboyhut ab, die Zuschauer auf den hinteren Reihen wollen etwas anderes sehen. »Oh Mann!«, mault Kevin. »Benimmregeln sogar im Kino?« Na klar!

Auf großer Fahrt

Deinen Schulweg kennst du wahrscheinlich in- und auswendig. Auch in deiner näheren Umgebung findest du dich gut zurecht. Oder? Du weißt, welchen Weg du nehmen musst, um zum Bäcker zu kommen, der so gute Zimthörnchen bäckt, und wo du abbiegen musst, um in die Bücherei zu gelangen. Es ist dir auch wohl bekannt, welcher Bus zum Schwimmbad und welche U-Bahn zum Stadtmuseum fährt. Aber auf der Zugfahrt nach Stuttgart, auf dem Weg zu Tante Olga, bist du vielleicht doch noch ein bisschen unsicher. Es könnte tatsächlich so einiges schief gehen. Je mehr du darüber nachdenkst, desto unerfreulichere Bilder tauchen vor deinem inneren Auge auf. Was passiert, wenn du in den falschen Zug steigst? Wer passt auf dein Gepäck auf, wenn du Lust auf Tomatensuppe kriegst oder wenn du aufs Klo musst? Geradezu mulmig kann es einem werden, wenn man allein im Flugzeug sitzt, das schwankt und wackelt. Selbst wenn Papa hundertmal erklärt hat, dass Turbulenzen normal sind und diese Dinger ziemlich selten abstürzen. Wie benimmt man sich überhaupt im Flugzeug? Was macht man, wenn einem plötzlich schlecht wird oder wenn man schrecklich Durst hat? Wann und wie darf man die Stewardess rufen?

Vielleicht bist du ja schon sehr selbständig und mobil. Saust mit dem Fahrrad durch die Straßen, mit der U-Bahn in die Stadt und mit der S-Bahn zu deinen Freunden. Vielleicht kann man dich sogar einen fluger-fahrenen Globetrotter, einen Weltenbummler, nennen, der geübt darin ist, allein zu reisen. Aber vielleicht hast du deine erste Reise ohne Begleitung von Mama und Papa auch noch vor dir. Mit dem nachfolgenden Test kannst du überprüfen, ob du dich unterwegs behaupten und dabei auch noch gut benehmen kannst.

Teste dein Benehmen unterwegs und bei Freunden!

Verdecke die rechte Seite, notiere die Antwort und vergleiche später!

Am Schalter

1. Am Fahrkartenschalter ist eine lange Schlange. Du hast es sehr eilig, denn deine S-Bahn fährt gleich ab. Was machst du?

a) Du reihst dich hinten in die Schlange ein und wartest geduldig.

b) Du drängelst dich vor und achtest nicht auf die empörten Rufe der Wartenden.

c) Du fragst einen der Wartenden, ob er dich vorbeilassen kann.

1a) *Jeder hat es irgendwann einmal eilig und jeder hat sich trotzdem in die Schlange einzureihen, also auch du. Vordrängeln ist rücksichtslos. Nur in ernsten Notfällen kannst du nachfragen, ob man dich (ausnahmsweise) vorlässt.*

Merke:

Am Schalter stellt man sich hinten an der Schlange an.

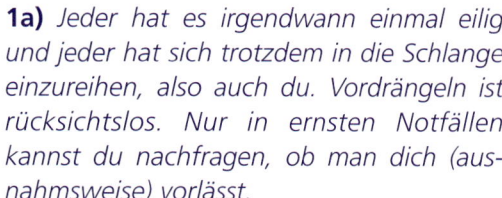

Auf der Rolltreppe

2. Du stehst links auf der Rolltreppe. Hinter dir möchte jemand vorbeigehen und bittet dich, zur Seite zu treten. Was machst du?

a) Du bleibst stehen und sagst: »Jetzt warten Sie halt die paar Minuten« oder »Die Eile ist die Feindin der Würde«.

b) Du gehst nach rechts und machst Platz.

c) Du bleibst auf der linken Seite und gehst betont langsam nach oben.

2b) *Wer auf der Rolltreppe stehen will, stellt sich auf die rechte Seite. Auf der linken Seite geht man zügig voran, damit die Leute, die es eilig haben, nicht unnötig Zeit verlieren. Wer stur auf der linken Seite stehen bleibt oder sich provozierend langsam nach oben geht, benimmt sich rücksichtslos und unhöflich.*

Merke:

Auf der Rolltreppe gilt: Rechts stehen, links gehen.

In Bus und U-Bahn

3. Du fährst mit deiner Clique mit der U-Bahn. Die U-Bahn fährt ein, hält an und die Tür öffnet sich. Was machst du?

a) Du lässt die Fahrgäste zuerst aussteigen, dann steigst du ein.

b) Du quetschst dich mit deinen Freunden durch die Tür, damit auch jeder noch einen Sitzplatz erwischt.

c) Du wartest am Eingang, zwängst dich durch die Tür und besetzt mehrere Plätze.

3a) *Natürlich lässt man die Fahrgäste erst aussteigen, bevor man selbst in Bus, U- oder S-Bahn einsteigt. Zu drängeln ist ebenso rücksichtslos wie den anderen Fahrgästen durch Quetschen und Zwängen Plätze wegzuschnappen.*

Merke:
Erst aussteigen lassen, dann einsteigen. Und bitte nicht drängeln!

---

4. Du kommst mit deinem schweren Schulranzen müde von der Schule und fährst mit der U-Bahn nach Hause. Du hast gerade noch einen Sitzplatz erwischt. Für wen stehst du auf und wie bietest du deinen Sitzplatz an?

a) Du stehst für keinen auf, weil du so müde bist.

b) Du stehst auf für Behinderte, Alte, Schwangere und Mütter mit Kleinkindern und sagst: »Setzen Sie sich doch bitte.«

c) Du stehst für jeden Erwachsenen auf.

4b) *Du musst wirklich nicht für jeden Erwachsenen aufstehen, wenn du müde von der Schule nach Hause kommst. Aber auf Behinderte, Ältere, Schwangere und Mütter mit Kleinkindern könntest du schon Rücksicht nehmen und ihnen deinen Platz anbieten. Am besten stehst du auf und sagst freundlich: »Setzen Sie sich doch bitte.«*

Merke:
Kinder sollten ihren Sitzplatz dem anbieten, der ihn nötiger hat.

---

5. Du fährst mit der S-Bahn. Du hast sehr viel Gepäck dabei und es neben dir auf den Sitz gestellt. Eine alte Dame möchte sich setzen. Was machst du?

a) Du nimmst dein Gepäck vom Sitz und bietest ihr den Platz an.

b) Du schaust aus dem Fenster, damit sie vorbeigeht.

c) Du lässt dein Gepäck liegen. Soll sie sich doch einen anderen Platz suchen!

5a) *Sitzplätze sind zum Sitzen und nicht fürs Gepäck vorgesehen. Es ist sehr rücksichtslos, das Gepäck auf dem Sitzplatz zu lassen, wenn andere sich setzen wollen.*

Merke:
Unser Gepäck deponieren wir nur dann auf Sitzplätzen, wenn genügend andere Plätze frei sind.

6. Daniel lauscht mit Kopfhörern der Musik seiner Lieblingsband. Ein Herr macht ihn darauf aufmerksam, dass man die Musik trotz Walkman sehr laut hört. Wie soll Daniel reagieren?

a) Er soll sich gar nicht um den Herrn kümmern.

b) Er soll den Walkman leiser stellen.

c) Er soll den Walkman abstellen.

6b) *Es kann sehr störend sein, ständig von Musik berieselt zu werden, vor allem wenn einem die Musik nicht gefällt. Also stelle den Walkman leiser ein, wenn dich ein Fahrgast darum bittet.*

Merke:
Walkmans stellen wir in öffentlichen Verkehrsmitteln leise ein.

---

7. Daniel hat einen Riesenhunger. In der U-Bahn packt er seine Gemüsepizza aus und beißt hinein. Darf er das?

a) Nein. In öffentlichen Verkehrsmitteln wird grundsätzlich nicht gegessen.

b) Ja, wenn es sich um Lebensmittel handelt, die sich appetitlich verspeisen lassen.

c) Nur, wenn sich die anderen Fahrgäste nicht beschweren.

7b) *Öffentliche Verkehrsmittel sind natürlich nicht zum Essen vorgesehen. Aber man kann ja mal ein Auge zudrücken, wenn du von der Schule nach Hause fährst und hungrig in eine Brezel beißt. Auf Eis, Pizza, Pommes mit Ketschup, Burger und saftige Früchte, kurz: auf alles, was kleckern kann, sollte man aber im Wagon verzichten!*

Merke:
In öffentlichen Verkehrsmitteln verzehrt man nichts oder nur Nahrung, die sich appetitlich verspeisen lässt.

In der Stadt

8. Du bist mit deiner Freundin auf einem Einkaufsbummel in der Stadt. Ein Gehbehinderter kommt dir entgegen. Wie verhältst du dich?

a) Du starrst ihn an, zeigst mit dem Fingern auf ihn und fängst an zu kichern.

b) Du schaust ihn ganz selbstverständlich an wie alle anderen Leute auf der Straße auch.

c) Du schaust weg oder an ihm vorbei.

8b) *Körperbehinderte sind ganz normale Menschen, auch wenn sie durch ein großes oder kleines Handicap benachteiligt sind. Man behandelt sie ganz genauso freundlich und höflich wie gesunde Menschen. Behinderte mit mitleidigen Sprüchen zu belästigen oder ihnen gar Geld zu schenken, ist herablassend und taktlos.*

Merke:
Körperbehinderte starrt man auf der Straße nicht an. Man behandelt sie genauso wie gesunde Menschen.

9. Ein Blinder geht auf dem Gehweg und tastet seine Umgebung mit seinem Blindenstock ab. Was machst du, wenn du ihm begegnest?

a) Du sprichst den Blinden an und fragst, ob er Hilfe braucht.

b) Du gehst an ihm vorbei und reagierst nur, wenn du deutliche Anzeichen von Verunsicherung erkennst und spürst, dass er Hilfe braucht.

c) Du bleibst stehen und starrst ihn an.

9b) *Blinde und Sehbehinderte legen Wert auf Selbständigkeit und sind nicht auf Hilfe angewiesen. Nur wenn ein Blinder unsicher herumirrt, seinen Blindenstock verloren hat, plötzlich verunsichert stehen bleibt oder um Hilfe bittet, sollte man ihn nach Rückfrage (»Darf ich Ihnen helfen?«) am Arm nehmen und ihn z. B. über die Straße führen.*

Merke:
Blinden und anderen Behinderten bietet man nur dann Hilfe an, wenn sie deutlich erkennbar auf Hilfe angewiesen sind oder selbst darum bitten.

Zu Gast bei Freunden und Verwandten

10. Du holst Sophie von zu Hause ab. Sie ist neu in deiner Klasse. Ihre Eltern kennst du noch nicht. Du klingelst an der Wohnungstür und Sophies Mutter macht auf. Was machst du?

a) Du grüßt und stellst dich vor: »Guten Tag, ich bin Jule. Ich möchte gern Sophie abholen.«

b) Du fragst: »Ist Sophie schon fertig?« oder »Können Sie mal die Tür aufmachen?«

c) Du sagst gar nichts und wartest, bis du angesprochen wirst.

10a) *Kinder stellen sich vor, wenn sie den Eltern einer Schulkameradin das erste Mal begegnen.*

Merke:
Besucht man seinen Freund das erste Mal zu Hause, stellt man sich dessen Eltern vor.

11. Daniel hat sich mit seinem Freund Janis verabredet. Doch irgendwie fällt den beiden nichts ein, was sie spielen könnten. Daniel findet es ziemlich langweilig. Er isst noch bei Janis ein Stück Kuchen, dann beschließt er, von Janis aus einen anderen Freund anzurufen und sich mit ihm zu verabreden. Janis lässt er allein zurück. Ist das in Ordnung?

a) Nein, das ist taktlos. Daniel könnte zumindest fragen, ob er mitkommen will.

b) Ja, Daniel ist doch nicht verpflichtet, mit Janis zu spielen.

c) Ja, wenn er taktvoll vorgeht. Janis muss ja nicht erfahren, dass Daniel lieber mit einem anderen Freund spielen will.

11a) *Natürlich bist du nicht verpflichtet, den ganzen Tag mit deinem Freund zu verbringen, wenn du keine Lust dazu hast. Es ist jedoch unhöflich, von der Wohnung deines Freundes aus andere Verabredungen zu treffen, ohne ihn einzubeziehen. Du zeigst ihm damit nämlich sehr deutlich und ohne Angabe von Gründen, dass du ihn langweilig findest und andere vorziehst. Dieses Verhalten ist verletzend und taktlos. Warum hast du ihn überhaupt besucht?*

Merke:
Freunde behandelt man offen, ehrlich oder zumindest taktvoll.

---

12. Jule hat nach der Schule bei ihrer Freundin Saskia zu Mittag gegessen und gespielt. Nun fällt ihr ein, dass sie ja noch zwei Bücher in der Bücherei abgeben muss. Sie sagt Saskia Bescheid, schnappt ihre Sachen und verschwindet. Hat sie sich höflich verhalten?

a) Nein, sie hat vergessen, sich bei Saskia und ihrer Mutter zu verabschieden.

b) Ja. Jule hat nichts falsch gemacht.

c) Nein, sie hätte nicht einfach abhauen dürfen. Sie könnte ihre Bücher auch am nächsten Tag abgeben.

12a) *Bevor man verschwindet, verabschiedet man sich nicht nur von Freunden, sondern auch von deren Eltern. Das Dankeschön fürs Mittagessen dabei bitte nicht vergessen!*

Merke:
Bevor man geht, verabschiedet man sich nicht nur von Freunden, sondern auch von deren Eltern.

---

13. Du bist auf die Geburtstagsparty einer Klassenkameradin eingeladen. Statt Schokoladentorte und Sahne, auf die du dich schon so gefreut hattest, gibt es nur Obstspieße und andere gesunde Sachen. Wie reagierst du?

a) Du ziehst ein Gesicht und sagst: »Das schmeckt doch nicht.«

b) Du sagst: »Ich glaube, ich geh wieder.«

c) Du isst die Obstspieße und zeigst nicht, dass dir etwas Süßes lieber wäre.

13c) *Deinem Freund kannst du ruhig unter vier Augen erzählen, dass du auf Geburtstagspartys lieber Süßes als Gesundes isst. Der Gastgeberin, die sich viel Mühe gemacht hat, deine Enttäuschung auf die Nase zu binden, ist aber schon sehr unhöflich.*

Merke:
1. Wenn ein Gericht auf der Geburtstagsparty nicht schmeckt, nimmt man nur eine kleine Portion.
2. Man mäkelt als Gast nicht am Essen oder am Unterhaltungsprogramm auf Partys.

14. Jules Onkel feiert eine große Party. Sein Freund Oliver neckt Jule ständig und zwickt sie zum Spaß in den Po. Jule mag das gar nicht. Was soll sie tun?

a) Sie soll die Scherze aus Höflichkeit ertragen.

b) Sie soll sagen: »Entschuldigen Sie, ich mag es nicht, wenn man mich anfasst.« Dann soll sie weggehen und sich unter die anderen Gäste mischen.

c) Sie soll ihren Eltern von dem Vorfall erzählen.

14b) *Berührungen können distanzlos und störend sein. Du musst sie nicht schweigend ertragen, wenn sie dir lästig sind. Selbst von Verwandten muss man sich nicht küssen und betatschen lassen, wenn man das gerade nicht mag. Dein Körper gehört dir! Sag, wenn es dich stört, wenn man dich anfasst. Wenn die Belästigungen dennoch nicht aufhören, solltest du mit deinen Eltern reden.*

Merke:
Man muss sich nicht berühren lassen, wenn man das nicht mag.

Im Zug

15. Jule fährt mit dem Zug zu ihrer Oma. Im Abteil sitzt eine junge Frau, die ein Buch liest. Jule will sich mit ihr unterhalten und fängt ein Gespräch an. Sie fragt, wo die Frau wohnt, wie sie heißt, was sie beruflich macht, ob sie einen Freund hat und warum sie so dick ist. Dabei macht sie sich die Fingernägel sauber. Was macht Jule falsch?

a) Man fragt nicht wildfremde Personen aus und reinigt sich nicht in aller Öffentlichkeit die Fingernägel.

b) Jule macht gar nichts falsch. Saubere Fingernägel sind schließlich wichtig.

c) Kinder dürfen sich nicht mit anderen Reisenden im Abteil unterhalten.

15a) *Distanzlose Fragen sind unhöflich und taktlos. Wildfremde Personen fragt man nicht über persönliche Dinge aus. Und die Fingernägel reinigt man zu Hause im Bad, nicht in öffentlichen Verkehrsmitteln.*

Merke:
1. *Gespräche mit anderen Fahrgästen führt man höflich und taktvoll.*
2. *Körperpflege erledigt man nicht in öffentlichen Verkehrsmitteln.*

16. Daniel sitzt zusammen mit mehreren Personen im Zugabteil. Er findet es stickig heiß. Was soll er tun?

a) Er soll die anderen Fahrgäste fragen, ob er kurz das Fenster öffnen darf.

b) Er soll seine Jacke ausziehen oder die Ärmel hochkrempeln und gar nichts tun.

c) Er soll das Fenster aufreißen.

16a) *Wenn es zu heiß ist im Abteil, kann man die anderen Fahrgäste fragen, ob sie etwas dagegen haben, wenn das Fenster kurz geöffnet wird. Sind alle einverstanden, lüftet man am besten während einer Halte-pause auf einem Bahnhof. In vielen Zügen lassen sich die Fenster allerdings gar nicht öffnen. Wenn es zu heiß oder zu kalt wird, kann man den Schaffner darauf aufmerk-sam machen und ihn bitten dafür zu sorgen, dass die Klimaanlage anders eingestellt wird.*

Merke:

Man fragt die anderen Fahrgäste, ob sie ein-verstanden sind, bevor man das Fenster im Abteil öffnet.

---

17. Daniel fährt allein im Zug zu seiner Oma. Ein Fahrgast fragt Daniel, ob er Lust hat, mit ihm im Speisewagen ein Stück Kuchen zu essen. Daniel hat Appetit auf Kuchen. Was soll Daniel tun?

a) Er soll höflich sagen: »Nein, danke.«

b) Er soll mitgehen, wenn der Mann sym-pathisch aussieht.

c) Er soll einen anderen Fahrgast bitten, auf das Gepäck zu achten und dann mitgehen.

17a) *Von Fremden lässt man sich als allein reisendes Kind niemals in den Speisewagen einladen! Es muss nicht, aber es kann ein Mensch sein, der pädosexuelle Interessen an Kindern hat und mit einem Stück Kuchen Sympathie und Vertrauen erschleichen will. Sei lieber vorsichtig!*

Merke:

1. *Allein reisende Kinder begleiten Zugbe-kanntschaften nicht in den Speisewagen.*
2. *In Notfällen wendet man sich an die Zug-begleiterin oder den Schaffner.*

18. Jule reist allein zu ihrer Freundin nach Hamburg. Im Zug muss sie dringend auf die Toilette. Sie möchte aber ihr Gepäck nicht unbeaufsichtigt im Abteil lassen. Was soll sie tun?
a) Nicht auf die Toilette gehen, zur Not die Beine zusammenpressen und auf dem Sitz herumrutschen.
b) Eine Mitreisende bitten, aufs Gepäck aufzupassen, und schnell die Toilette aufsuchen.
c) Ihr Gepäck aufs Klo mitnehmen.

18b) *Deine Handtasche oder deinen kleinen Rucksack kannst du mit auf die Toilette nehmen, deinen Koffer oder den schweren Rucksack natürlich nicht. Eine Mitreisende wird sicher gern darauf aufpassen, bis du zurückkommst. Seinen natürlichen Bedürfnissen aus Angst ums Gepäck nicht nachzugeben und mit zusammengepressten Beinen auf dem Sitz herumzurutschen ist ungesund und für andere Mitreisende ein unangenehmer Anblick.*

Merke:
Das Gepäck bleibt im Abteil, wenn man im Zug die Toilette aufsucht.

---

19. Jule hat Hunger. Sie möchte im Zugrestaurant eine Suppe essen. Was macht sie mit ihrem Gepäck?
a) Sie schleppt ihren Koffer ins Zugrestaurant.
b) Sie nimmt nur ihr Handgepäck mit und bittet eine Mitreisende, auf ihren Koffer aufzupassen.
c) Sie bleibt bei ihrem Gepäck und verzichtet auf die Suppe.

19b) *Auch in den Speisewagen nimmt man sein Reisegepäck nicht mit. Bitte einen Fahrgast, auf dein Gepäck zu achten, während du deine Suppe löffelst.*

Merke:
Das Gepäck bleibt auch im Abteil, wenn man im Zug den Speisewagen aufsucht.

---

20. Im Zugrestaurant sitzt an jedem Tisch eine Person. Darf sich Daniel an einen Tisch dazusetzen?
a) Ja, wenn er höflich fragt, ob der Platz frei ist.
b) Nein, er könnte ja jemand stören.
c) Ja, natürlich. Jeder hat das Recht, im Speisewagen zu essen. Er muss nicht fragen.

20a) *Im Zugrestaurant muss man nicht warten, bis der Ober einen Platz zuweist. Aber bevor man sich an einen Tisch setzt, fragt man nach, ob der Platz auch tatsächlich frei ist.*

Merke:
Bevor man sich im Zugrestaurant an einen Tisch setzt, fragt man höflich, ob der Platz frei ist.

Im Flugzeug

21. Jule fliegt zum ersten Mal allein mit dem Flugzeug. Die Stewardess hat sie zu ihrem Platz geleitet. Wo soll sie ihr Handgepäck verstauen?

a) in den Klappkästen oberhalb der Sitze
b) auf dem Boden
c) auf dem Schoß

21a,b,c) Das Handgepäck verstaut man in den Klappkästen oberhalb der Sitze. Die Stewardess hilft dir dabei. Lediglich Handgepäck mit bestimmtem Inhalt (z. B. Flaschen) und Gegenstände mit hohem Gewicht werden unter dem Sitz deponiert. Eine kleine Handtasche mit Taschentüchern, Reiselektüre und anderen Utensilien, die du während des Flugs brauchst, behältst du auf deinem Schoß.

Merke:

Handgepäck behält man auf dem Schoß oder verstaut es in den Klappkästen oberhalb der Sitze.

---

22. Daniel muss dringend auf die Toilette. Wann sollte er das stille Örtchen besser nicht aufsuchen?

a) Wenn das Flugzeug startet.
b) Wenn das Flugzeug landet.
c) Wenn die Stewardess Essen und Getränke austeilt oder schmutziges Geschirr einsammelt.

22a,b,c) Bei Turbulenzen musst du dich dringend anschnallen und darfst die Toilette nicht aufsuchen. Auch wenn das Flugzeug startet oder sich auf dem Landeanflug befindet, bleibst du angeschnallt. Wenn die Stewardessen das Essen und die Getränke austeilen, ist es ebenfalls ungünstig, die Toilette aufzusuchen.

Merke:

Die Toilette sucht man auf, wenn das Flugzeug nicht startet oder landet, wenn es ruhig fliegt und wenn die Gänge frei sind.

23. Daniel klappt seine Sessellehne mit einem Ruck nach hinten, weil er schlafen will. Ein Fahrgast hinter ihm beschwert sich. Warum?

a) Wenn die Sessellehne unangekündigt und mit einem Ruck nach hinten klappt, kann es passieren, dass beim Hintermann die Getränkebecher umkippen.

b) Keine Ahnung, Daniel hat nichts falsch gemacht.

c) Im Flugzeug darf man die Sessellehnen aus Sicherheitsgründen nicht umklappen und nicht schlafen.

23a) *Auf Flügen darf man es sich im Sitz bequem machen, sofern man dabei die anderen Passagiere nicht stört. Wenn die Sessellehne unangekündigt mit einem Ruck nach hinten klappt, kann es passieren, dass beim Hintermann die Getränkebecher umkippen.*

Merke:
Bevor man die Sessellehnen in Schlafstellung bringt, schaut man zu seinem Hintermann und kippt die Sessellehnen langsam und sanft nach hinten.

---

24. Jule ist schlecht. Vielleicht muss sie sich sogar übergeben. Was soll sie tun?

a) Sie soll die Stewardess rufen, indem sie den betreffenden Knopf drückt.

b) Sie soll nach der Spucktüte Ausschau halten, ein Taschentuch zurechtlegen und dann die Stewardess rufen.

c) Sie soll die Füße hochlegen.

24b) *Die Spucktüte befindet sich im Rückenteil des vor dir befindlichen Sitzes. Lege sie dir vorsichtshalber zurecht, wenn dir übel ist, schnapp dir ein Taschentuch und mach dich dann mit einem Knopfdruck bei der Stewardess bemerkbar. Sie wird dir beistehen, wenn es dir schlecht geht und du dich übergeben musst. Welchen Knopf du drücken musst, um die Stewardess zu rufen, wird sie dir, wenn du fragst, gleich vor Flugbeginn erklären. Übrigens: Bei den meisten Fluggästen legt sich die Übelkeit, wenn sie sich entspannen und das Flugzeug schon eine Weile in der Luft ist.*

Merke:
Bei Übelkeit Spucktüte bereit legen und die Stewardess rufen!

25. Du unterhältst dich mit deiner Schwester, die im Flugzeug neben dir sitzt. Plötzlich wird der Lautsprecher angeschaltet. Der Kapitän meldet sich mit einer Durchsage. Was machst du?

a) Du redest laut weiter.

b) Du schweigst, damit du und die anderen Fahrgäste verstehen, was der Kapitän mitzuteilen hat.

c) Du redest leise weiter.

25b) *Wenn der Kapitän eine Durchsage macht, redet man nicht weiter, damit alle das, was gesagt wird, verstehen können.*

Merke:

Macht der Kapitän eine Durchsage, redet man nicht weiter.

Im Theater

26. Du bist mit Mama in einer Ballettvorstellung. Der erste Akt hat schon begonnen. Ein Herr kommt zu spät und will vorbei. Was machst du?

a) Du bleibst sitzen.

b) Du stehst auf.

c) Du schiebst deine Beine zur Seite.

26b) *Es ist zwar unhöflich, zu spät zu kommen, aber es ist genauso unhöflich, sitzen zu bleiben, wenn jemand vorbeiwill.*

Merke:

Wenn man im Theater sitzt und jemand vorbeiwill, steht man auf.

---

27. Mitten im 3. Akt hast du Lust auf ein Bonbon. Darf man im Theater Bonbons essen?

a) Nur, wenn das geräuscharm möglich ist.

b) Nein. Das stört.

c) Ja. Wieso nicht?

27a) *Während der Vorstellung im Theater oder Konzert isst und trinkt man nicht. In Ausnahmefällen (z. B. bei Erkältung), darf man aber, wenn das geräuschlos möglich ist, Bonbons lutschen. Das Bonbon während der Vorstellung geräuschvoll auszuwickeln, ist jedoch unhöflich.*

Merke:

Im Theater und Konzert isst und trinkt man nicht. Bonbons darf man lutschen, wenn das geräuscharm möglich ist.

7. In der Fremde

Ferienträume

Vielleicht träumst du oft davon, in die Ferne zu schweifen und spannende Abenteuer zu erleben. Siehst dich als Tarzan oder Jane durch den Dschungel streifen, im Korallenriff schnorcheln oder Delphine streicheln. Wenn du deine Sehnsüchte der Familie vorträgst, die zur Ferienplanung am Küchentisch sitzt, stößt du aber allenfalls auf milde Nachsicht und die Begeisterung deiner Lieben hält sich in Grenzen. Deine Mutter stellt sich eine Begegnung mit dem weißen Hai leider nicht so spannend vor. Dein Vater hat einfach keine Lust, auf einem Elefanten durch die Savanne zu reiten. Vermutlich hat deine Familie ganz andere Reisepläne. Das ist schade, doch kein Grund zu schmollen. Denn in jedem Land gibts was zu entdecken. Das Abenteuer wartet gleich um die Ecke! Wohin auch immer dich deine Eltern schleppen, ob sie mit dir im Gebirge wandern oder an Stränden in der Sonne braten, Menschen wirst du überall begegnen. Und dort, wo Menschen leben, da kann man nicht nur fremde Sprachen, Dialekte, Musik und Speisen, sondern auch Sitten, Gebräuche, Umgangsformen kennen lernen. Das ist vielleicht nicht ganz so aufregend wie einen Goldschatz auszugraben oder ein Alien aufzuspüren, aber spannender als du denkst! Oder bist du ein Reisemuffel wie Freiherr von Knigge?

> *Die beste Bildung findet ein gescheiter Mensch auf Reisen.*
> Johann Wolfgang von Goethe

Schon gewusst? – Adolph Freiherr von Knigge – Schädliche Liebhabereien

Zu den mehrenteils schädlichen Liebhabereien großer, besonders regierender Herrn gehört auch die Lust, außer Lande zu reisen. Ungern möchte ich einen Fürsten darin bestärken. Sie rennen da gewöhnlich in fremden Himmelsgegenden herum, bevor sie ihr eigenes Land kennen, in welchem tausend Gegenstände mehr als die Karnevals von Venedig und die Pferderennen in England ihrer Aufmerksamkeit wert sind, kaufen für den sauren Erwerb ihrer Untertanen ausländische Possen, Krankheiten des Leibes und der Seele und bringen nicht selten große Forderungen, Hang zur Verschwendung, Wollust und Üppigkeit, böse Laune, Müßiggang, Avantüriers u. dgl. in ihre arme Residenz zurück.

Tropenhelm und Sonnenbrille

Zu Beginn des 19. Jahrhunderts, als der europäische Adel begann, zur Erholung in die Ferne zu reisen, entstand in England das Wort »tourist«, von dem das deutsche Wort Tourist abgeleitet ist. Ein Tourist ist ein Urlaubsreisender, Ausflügler, Wanderer, ein Mensch, der eine Tour macht, einen Ausflug, eine Wanderung, eine Fahrt. Heute lieben nicht nur Fürsten und Adelige das Reisen. Fast jede europäische Familie macht im Sommer weit weg von zu Hause Urlaub.

Doch das ist nicht überall auf der Welt so. Reisen bleiben noch immer denen vorbehalten, die Geld besitzen. In vielen Ländern herrscht Armut, wie wir sie bei uns in Europa nicht kennen. Viele Menschen leiden unter Hunger und Gewalt. Sie müssen für wenig Geld hart arbeiten, um überleben zu können, und werden nie die Gelegenheit haben, die Welt kennen zu lernen so wie du. Touristen sind in solchen Ländern für die Dauer ihres Aufenthalts Reiche unter Armen. Den Einheimischen fallen sie sofort auf. Oft tragen sie Shorts, Turnschuhe und Sandalen mit Socken oder neu gekaufte T-Shirts mit landestypischen Aufdrucken. Weitere Kennzeichen sind Rucksäcke, Sonnenbrillen, Baseballmützen, Piratenkopftücher, Sonnenhüte oder Tropenhelme. In der Hand halten sie entfaltete Landkarten oder Reiseführer und schleppen oft beachtliche Foto- und Filmkameraausrüstungen mit sich herum. Brustbeutel und Geldgürtel weisen darauf hin, dass sie in ständiger Sorge sind, ihr Geld könne ihnen im Ausland leichter abhanden kommen als in heimischen Gefilden.

Eroberer mit Kamera

Bei den Einheimischen sind Touristen nicht immer sehr beliebt. Denn leider nehmen manche Urlauber während ihres Ferienaufenthalts Verhaltensweisen an, die sie sich in ihrer Heimat nicht erlauben würden. In keinem Land der Welt wird es geschätzt, wenn Menschen schmutzig oder schlampig gekleidet durch die Gegend laufen. Viele Touristen halten sich im Urlaub nicht an dieses ungeschriebene Gesetz. Badekleidung tragen sie nicht nur am Strand oder am Hotelpool, sondern häufig auch beim Einkaufen, im Restaurant oder bei der Besichtigung religiöser Stätten. Sie lieben es, Marktfrauen, stillende Mütter, süße Kleinkinder oder Menschen in Tracht zu begaffen. Mit ihrer Kamera sammeln sie Sonnenuntergänge, Landschaften und schrecken auch nicht davor zurück, in die Privatsphäre der Einheimischen einzudringen. Manche benehmen sich wie gierige Eroberer, die das Fremde, Exotische unter die Lupe nehmen und es sich mit einem Knipsen unter den Nagel reißen. Andere protzen mit Geld, Schmuck, Kleidung, verteilen aber magere Trinkgelder, sind geizig gegenüber alten und kranken Bettlern und feilschen bei Einkäufen um jeden Cent. Den niedlichen Kindern, die am Straßenrand betteln, werfen sie großzügig ein paar Münzen hin und kommen sich dabei ganz edel vor. Sie wissen offensichtlich nicht, dass sie die Kinder damit zu Hauptverdienern des Familieneinkommens machen und am Schulbesuch hindern. Landestypische Sitten, Kleidervorschriften und das Schamgefühl der Bevölkerung interessieren sie herzlich wenig. Am Nachmittag legen sie sich auch in Ländern, in denen sich selbst kleine Kinder niemals in der Öffentlichkeit nackt zeigen, ungeniert oben ohne an öffentliche Strände und halten die Einheimischen, die sich darüber empören, für verklemmt. Ja, es gibt viele schwarze Schafe unter den Touristen, und man kann schon verstehen, dass sie der einheimischen Bevölkerung manchmal ein bisschen lästig werden. Oder?

Schon gewusst? – Adolph Freiherr von Knigge – Angemessene Kleidung ist auf Reisen empfehlenswert

Manche Leute suchen etwas darin, auf Reisen zu prahlen, viel Geld zu verzehren, glänzen zu wollen und prächtig gekleidet zu sein. Das ist eine törichte Eitelkeit, die sie in den Wirtshäusern teuer büßen müssen, ohne für ihr Geld mehr zu erhalten als der einfache Reisende. Niemand erinnert sich weiter des Fremden, der so viel Aufwand gemacht hat, wenn dieser weitergereist und nichts mehr von ihm zu ziehn ist. Doch ist es der Klugheit gemäß, anständig, und was man in Niedersachsen rechtlich nennt, in seinem Aufzuge zu sein, sich nicht zu vornehm und nicht zu demütig, nicht zu reich und nicht zu arm zu stellen, weil man sonst, in beiden Extremitäten, leicht entweder für einen unwissenden Pinsel, dessen erste Aus- *flucht dies ist, und den man also nach Gefallen prellen kann, oder für einen gewaltig vornehmen Herrn, von dem etwas zu ziehn ist, oder für einen Aventurier angesehn wird, dem man aus dem Wege gehn und der mit schlechter Bewirtung vorliebnehmen muss.*

Kinder im Hotel

In einem Hotel oder in einer Pension kann man gegen Bezahlung übernachten, duschen und sein Gepäck unterbringen. In den Räumen nebenan wohnen andere Hotelgäste, die genau wie du und deine Familie versuchen, es sich an diesem Ort für eine bestimmte Zeit gemütlich zu machen. Der gute Hotelgast, auch wenn er erst neun Jahre alt ist, benimmt sich im Hotel genauso rücksichtsvoll wie bei einem Besuch bei Freunden:

- Er tobt nicht kreischend durch die Gänge, hüpft nicht auf den Betten herum, stellt das Radio oder den Fernseher leise und hinterlässt im Zimmer kein Chaos, wenn die Zimmermädchen die Betten machen.
- Er demoliert oder bekritzelt nicht die Einrichtung, veranstaltet auf dem Teppich kein Picknick, packt Handtücher, Bademäntel, Blumenvasen und Dekorationsartikel nicht als Souvenir in seinen Koffer.
- Ist das Hotelzimmer schlecht geputzt, fehlen Seife, Decken, Klopapier oder sind andere Mängel festzustellen, schreit er nicht wütend herum sondern trägt seine Wünsche und Beschwerden höflich vor.
- Zum Frühstück erscheint er frisch geduscht, gekämmt, ordentlich gekleidet und begrüßt sowohl das Personal als auch die anderen Gäste.

- Er bedient sich am Büfett, ohne es vollständig abzuräumen, isst und trinkt manierlich.

Gast in fremdem Land

Ein Gast ist ein Mensch, der uns besucht. Bei den alten Germanen war ein Gast immer auch ein Fremdling, ein möglicher Feind. Erst gegen Ende des Mittelalters, als die Bürger begannen Gastfreundschaft zu entwickeln, erhielt das Wort Gast einen ehrenhaften Sinn. Gastfreundschaft wird in vielen Ländern gepflegt. Besonders gastfreundlich waren die Nomaden, Hirtenvölker, die umherwandern und nach Jahreszeiten das Weideland ihrer Tiere wechseln. Die Beduinen (»Wüstenbewohner«), gute Bogenschützen und Viehzüchter, zogen durch die arabischen Steppen und bauten unterwegs ihre Zelte auf. Kam ein einsamer, halb verhungerter Wanderer zufällig vorbei, ließ man ihn nicht draußen stehen, sondern bot ihm Wasser, Nahrung und einen Schlafplatz an und empfing ihn mit den Worten: »Oh du mein Gast, der du gekommen bist, uns zu besuchen und unser Zelt zu ehren! Wahrlich ich sage dir: Die Gäste sind eigentlich wir und du der Herr des Zeltes.« Nicht nur im arabischen Raum, sondern in vielen Ländern der Welt gilt Gastfreundschaft als hohe Tugend. Die meisten Menschen freuen sich, wenn Reisende ihr Land besuchen und sich für ihre Kultur interessieren. Wer im Ausland gastfreundlich empfangen wird, der muss sich aber dieser Ehre auch als würdig erweisen! Dies gelingt uns am besten, wenn wir versuchen, uns auf Reisen genauso höflich, rücksichtsvoll und zuvorkommend zu verhalten wie zu Hause. Ein paar Sätze in der Landessprache zu lernen, kann sich ebenfalls in vielen Situationen als nützlich erweisen.

Adolph Freiherr Knigge: Auf Reisen. Einige Regeln, um bequem, angenehm, wohlfeil und nützlich zu reisen

Auch mische man sich, wenn es uns ein Ernst ist, unsre Menschen- und Länderkenntnis zu erweitern, unter Personen von allerlei Ständen. Die Leute von gutem Tone sehen einander in allen europäischen Staaten und Residenzen ähnlich, aber das eigentliche Volk, oder noch mehr der Mittelstand trägt das Gepräge der Sitten des Landes.

Guten Morgen!

»Guten Tag!«, »Guten Morgen!«, »Guten Abend!«, »Hallo!«, sagen wir
zur Begrüßung und stehen dabei auf. Auch unsere europäischen Nachbarn grüßen im Stehen und wünschen einen guten Morgen, Abend oder
Tag. In Großbritannien sagt man morgens »Hello!«, »Good morning!«, in
Italien »Buon giorno«, in Frankreich »Bonjour!«, »Salu!«, in Spanien
»Buenas dias«, in Griechenland »Kaliméra«, in Dänemark »God morgen«. Dazu gehört in fast allen europäischen Ländern, zumindest beim
ersten Kennenlernen, ein Händedruck. Früher galt das Händeschütteln
in vielen nichteuropäischen Kulturen als unanständig. Inzwischen wird
der Handschlag überall toleriert und ist als Begrüßungsform auch außer-
halb Europas weit verbreitet.

Es gibt aber auch ganz andere Begrüßungsrituale:

- In Indien legt man die Hände wie im Gebet zusammen, senkt den
  Kopf und sagt »Namaste«, das heißt »Ich beuge mich vor dem Gött-
  lichen in dir«.
- Salám alaikum (»Friede sei mit dir) lautet die Begrüßungsformel in
  den arabischen Ländern. Dabei legt man die Hand auf die Brust. Der
  Begrüßte erwidert »Walakum? Aleikum assalam (Mit dir sei Friede).
- Muslime führen in einigen Ländern als Zeichen der Wertschätzung
  bei der Begrüßung oder beim Abschied eine oder beide Hände des Be-
  grüßten zum Herzen.
- Vietnamesen umschließen die rechte Hand des Gegenübers mit bei-
  den Händen.
- Tibeter überreichen zur Begrüßung einen Seidenschal, der um den
  Hals des Gastes gelegt wird.
- Auf Hawaii erhält man zur Begrüßung einen Blütenkranz.

- In Japan verbeugt man sich. Je tiefer die Verbeugung, desto größer ist die Verehrung des anderen.

Umarmungen und Küsse zur Begrüßung sind in den meisten Ländern guten Freunden und Bekannten vorbehalten. Mit dem doppelten Friedenskuss auf die Wangen wurde man im Mittelalter nach dem Ritterschlag in die Ritterschaft aufgenommen. In Russland begrüßen sich so heute noch Politiker, in Frankreich Freunde und Bekannte. Beim Wangenkuss legt man erst die eine, dann die andere Wange an die Wange des Begrüßten und gibt ein Küsschen in die Luft. Das Ganze macht man meist zweimal. Der »Bussibussi« erfreut sich als Willkommensgruß auch bei uns zunehmender Beliebtheit.

Gibt es Eicheln?

In Meyers Konversationslexikon von 1888 sind alte Begrüßungsrituale aus den unterschiedlichsten Ländern aufgeführt. Kommen sie dir auch etwas merkwürdig vor?

- In Japan zog der Rangniedrigere vor dem Ranghöheren zur Begrüßung angeblich seine Sandalen aus, steckte die rechte Hand in den linken Ärmel, ließ die Arme langsam bis an die Knie herabsinken lassen und rief erschreckt »Augh! Augh!«, das heißt »Füge mir kein Leid zu!«

- Begegneten sich in China zwei Personen zu Pferde, stieg der Niedergestellte vom Pferd herab und ließ stehend den Ranghöheren vorbeireiten.
- Im alten Russland warf sich der Niedergestellte seinem Herrn zu Füßen, umklammerte dessen Knie und küsste sie.
- Die Bewohner von Schumadia in Serbien sollen sich mit einem Satz begrüßt haben, der übersetzt lautet »Gibt es Eicheln?«. Diese Begrüßungsformel entstand, weil diese Menschen als Hirten großen Wert auf Eicheln legten.
- Wenn man eine Frau aus dem Volk der Mandinka in Afrika begrüßte, fasste man ihre Hand, führte sie an die eigene Nase und roch zweimal daran.
- Und in Neuguinea, da bedeckte man sich zur Begrüßung den Kopf mit Baumblättern. Mal was anderes!

Gesten und Gebärden

Kommst du in ein fremdes Land und beherrschst die Landessprache nicht, verstehst du erst mal nur »Bahnhof«. Das ist lästig. Vor allem, wenn du ausgehungert wie ein Wolf bist und der Kellner im Restaurant einfach nicht verstehen will, dass du Lust auf Reis mit Gemüse hast. In deiner Verzweiflung wirst du vielleicht auf die Zeichensprache zurückgreifen und versuchen, dein Anliegen mit Gesten und Gebärden zu verdeutlichen. Doch nicht immer werden deine Bemühungen von Erfolg gekrönt sein. Denn nicht selten wirst du feststellen müssen, dass manche Körperbewegungen im Ausland offensichtlich eine andere Bedeutung haben als bei uns zu Hause:

- Schüttelt man in Indien oder Nepal den Kopf, heißt das »ja«, bei uns bedeutet Kopfschütteln »nein«.
- Wenn wir von uns selbst sprechen, zeigen wir mit der Hand auf die Brust. In Japan wird das falsch verstanden. Denn wenn ein Japaner von sich spricht, legt er sich dabei die Finger auf die Nase.
- Die rechte Hand aufs Herz zu legen, heißt bei uns »ehrlich« oder »versprochen«, in der Türkei ist dies eine Geste des Bedauerns.

- Wenn wir etwas versprechen, sagen wir »Ich verspreche es dir«. In der Türkei braucht man dazu keine Worte. Man legt einfach die flache rechte Hand auf den Kopf, dann ist alles klar.
- Die Gebärde, die wir mit der Hand machen, wenn wir »Geh weg!« meinen, bedeutet in Nepal »Komm her!«.
- Wenn die Bewohner der Philippinen einander in die Augen schauen, dabei beide Brauen hochziehen und wieder senken, bedeutet das »Hallo«.
- Viele Tunesier legen ihre rechte Hand aufs Herz, um so ihre Anerkennung und Herzlichkeit auszudrücken. Ein Mann reicht einer Frau jedoch niemals die Hand.
- Wer in Australien mit ausgestrecktem Daumen am Highway steht, wird keinen Wagen anhalten. Denn diese Geste bedeutet »Verdrück dich!«. Hier winkt man mit dem Zeigefinger.

Du siehst, Gesten und Gebärden deutet man nicht überall auf der Welt gleich. Das kann zu Missverständnissen führen. Wie gut, dass Freundlichkeit überall verstanden wird! Wenn es dir gelingt, ein Lächeln oder andere freundliche Signale auszuschicken, die eine Atmosphäre der Friedfertigkeit schaffen, wirst du auch ohne Worte überall schnell akzeptiert werden.

Schicklichkeit und Anstand

Gutes Benehmen und Anstand gelten in jedem Land der Welt als Tugenden. Wie sich Höflichkeit und feine Manieren ausdrücken, ist jedoch in den einzelnen Ländern höchst unterschiedlich. Deshalb können uns bei einem Auslandsaufenthalts so manche Umgangsformen und Verhaltensweisen seltsam vorkommen. Im arabischen Raum, in Süd- und Südostasien sieht man z.B. häufig junge Frauen mit ihren Freundinnen, aber auch Männer mit ihren Freunden Hand in Hand durch die Stadt schlendern. Ein Mann würde mit seiner Frau jedoch niemals Hand

Jeder Mensch, den ich treffe, ist mir in irgendetwas überlegen. Und in diesem Punkt lerne ich von ihm.
Ralph Waldo Emerson (amerikanischer Dichter, 1803–1882)

in Hand durch die Straßen gehen, weil Körperberührungen und Zärtlichkeiten zwischen Mann und Frau in der Öffentlichkeit in diesen Ländern als sehr unanständig gelten. Mit Gefühlsäußerungen hält man sich
besonders in Asien zurück und achtet sehr darauf, »sein Gesicht nicht
zu verlieren«. Ärger, Zorn, Ablehnung sollen den anderen ebenso ver-
borgen bleiben wie Zuneigung zwischen Mann und Frau. Die Menschen
bemühen sich, sich in der Öffentlichkeit zu beherrschen und Haltung zu
bewahren. Empörung, Kreischen oder lautstarke Kritik zu üben gilt als
grob unhöflich.

Auch Blicke und Körperhaltungen sind nicht überall unverfänglich.
Bei uns gilt es als höflich, wenn man den Menschen bei der Begrüßung
oder im Gespräch in die Augen blickt. In Asien und in den arabischen
Ländern ist das ganz anders. Blickkontakt ist hier oft unerwünscht. Vor
allem Frauen darf man nicht direkt in die Augen sehen, nur dem Ehe-
mann wird dies gestattet. Auch die Beine übereinander zu schlagen, ist
in einigen Ländern (z. B. in Malaysia, Thailand) nicht gerade empfeh-
lenswert. Denn Fuß- oder Schuhsohlen, die man dabei seinem Gegenüber entgegenstreckt, empfindet man hier als unschicklich. Sauberkeit
und gepflegte Kleidung wird dagegen überall auf der Welt geschätzt.
Auch gegen wohlriechende Füße und löcherfreie Socken bestehen nir-
gendwo Einwände, im Gegenteil. In asiatischen und arabischen Ländern
sind sie sogar unverzichtbar, denn beim Betreten einer Privatwohnung
zieht man hier die Schuhe aus!

Schnäuzen verboten ...

In Spanien liebt man Paella, in Frankreich Zwiebelsuppe und Baguette, in Dänemark Smoerrebroed, in Österreich Kaiserschmarrn. Jedes Land hat seine Spezialitäten, die du dir nicht entgehen lassen solltest. Wenn du nach Japan reist, musst du einfach Sushis probieren! In der Türkei sind leckere Blätterteigspezialitäten, in Thailand köstliche Suppen mit Zitronengras, in Tunesien duftendes Couscous mit feinen Gemüsen angesagt. So wie die Essgewohnheiten sind auch die Tischmanieren in den Ländern der Welt höchst unterschiedlich. Nur bei unseren europäischen Nachbarn und in Nordamerika herrschen im Wesentlichen dieselben Tischsitten wie bei uns. Wundere dich aber nicht, wenn Erwachsene in England beim Essen die linke Hand auf dem Schoß halten oder in Frankreich mit Brotstücken Soßenreste vom Teller tunken! Das ist in diesen Ländern so üblich! Ganz andere Essgebräuche als bei uns kann man in Asien oder Afrika kennen lernen. Bist du zufällig in Guinea gelandet, so sage bitte nicht »Mhm, das Essen riecht lecker!«. Hier gilt es nämlich als unanständig, am Essen zu riechen. Du darfst auch nicht damit rechnen, dass man den Tisch in jedem Land der Welt mit Messer, Gabel und Löffel deckt. Nicht überall hält man die drei für praktische Esswerkzeuge. In China, Korea, Japan, Thailand und anderen asiatischen Ländern zieht man es vor, die Speisen mit zwei Stäbchen zum Mund zu führen. Damit die aufgezwickten Speisen nicht ständig danebenfallen, darf man die Reis- und Suppenschalen beim Essen anheben. Tee und Suppe zu schlürfen ist ebenfalls erlaubt. Auch (leichtes!) Schmatzen und Rülpsen betrachtet man nicht als unmanierliche Geräusche, sondern als Zeichen dafür, dass das Essen gut geschmeckt hat. Doch wehe du putzt dir während des Essens die Nase! Schnäuzen in der Öffentlichkeit gilt nämlich als höchst unanständig, besonders bei Tisch.

... Schlürfen erlaubt

In welcher Haltung nimmt man am besten die Mahlzeiten ein? Auch darüber gibt es weltweit höchst unterschiedliche Meinungen. Nicht alle Menschen sitzen beim Essen auf Stühlen am Tisch. Viele ziehen es vor, am Boden hockend oder kniend oder kauernd ihren Hunger zu stillen.

Sehr häufig essen Frauen und Männer auch getrennt voneinander. In arabischen Familien, vor allem in ländlichen Gegenden, stellt die Hausfrau alle Speisen auf ein Metalltablett, das am Boden auf einer Matte steht. Vor dem Essen legt man die Schuhe ab und betritt dann erst die Matte des Essplatzes. Man setzt sich, die Beine nach hinten untergeschlagen, um das Tablett und beginnt zu essen, wenn der Älteste dazu aufgefordert hat. Gegessen wird mit Daumen, Zeige- und Mittelfinger der rechten Hand. Fladenbrotstücke taucht man in die Soßen und benutzt sie so als Löffelersatz. Die linke Hand gilt als unrein. Selbst Gläser darf man nicht mit ihr anfassen Auch in afrikanischen Ländern, in Indien, Nepal und in der Türkei ist es üblich, mit der rechten Hand zu essen. Natürlich wäscht man sich vor der Mahlzeit und danach besonders gründlich die Hände. Manchmal werden auch während der Mahlzeit Kannen mit warmem Wasser zum Händewaschen herumgereicht. In Indien füllt man sie mit Lorbeerzweigen, damit man den Schmutz nicht sieht. Vielleicht findest du ja Gefallen an den fremden Tischsitten! Beim Essen zu schmatzen, wenns schmeckt, oder Nudelsuppe ungeniert zu schlürfen, dürfte dir nicht schwer fallen. Nicht ganz so leicht ist es, Reis mit Stäbchen zum Mund zu führen oder mit der Hand manierlich (!) zu essen. Probiers ruhig mal aus!

Schon gewusst? – Das Essen mit Stäbchen

Das erste Stäbchen legt man mit dem dickeren Ende zwischen Daumen und Zeigefinger und fixiert das andere Ende zwischen Mittel- und Ringfinger. Das zweite Stäbchen greift man parallel mit Daumen und Zeigefinger. Es soll frei beweglich sein, denn mit ihm nimmt man die Speisen in die Zange und zwickt sie auf.

Tabus

In keinem Land der Welt wird man von einem Besucher erwarten, dass er gleich am ersten Tag weiß, mit welchen Worten man dankt, wie man grüßt oder sich verabschiedet. Wenn du ein Wort falsch aussprichst, wird man den Fehler taktvoll überhören oder dich freundlich verbessern. Niemand wird es dir übel nehmen, wenn dir in China der Reis von den Stäbchen fällt oder wenn du in Indien das Essen mit den Fingern erst gar nicht ausprobierst, sondern um eine Gabel bittest. Du musst wirklich nicht jede Tischsitte deines Gastlandes nachahmen, jeden Brauch kennen und übernehmen. Es reicht, wenn die Menschen spüren, dass du ihnen mit Achtung begegnest und dich bemühst, Tabus nicht zu verletzen.

Schon gewusst? – Was bedeutet Tabu?

Das Wort »Tabu« stammt aus dem 19. Jahrhundert und ist aus einer Eingeborenensprache Polynesiens abgeleitet. Was tabu ist, gilt als unantastbar, unverletzlich. Man tut es einfach nicht. In manchen Ländern oder Religionen ist es tabu, bestimmte Gegenstände oder Personen zu berühren, bestimmte Orte zu betreten, über bestimmte Dinge zu reden oder bestimmte Namen auszusprechen.

Hier einige Beispiele für Tabus:

- Die Türschwelle von Tempeln und Privatwohnungen darf man in Thailand nicht betreten, weil man damit die dort wohnenden Schutzgeister ärgert.
- In Thailand, Java, Bali, Indien und Nepal glaubt man, dass der Kopf der Sitz der Seele ist. Deshalb ist es ein Tabu, über den Kopf eines Menschen zu streichen.

- In vielen Ländern gilt die linke Hand als unrein. Man benutzt sie niemals zum Essen oder Trinken, überreicht mit ihr keine Geschenke und nimmt mit ihr auch keine Geschenke an.
- In Bengalen hält man es für unschicklich, die eigene Frau »meine Frau« zu nennen. Man nennt sie »die Nichte meiner Tante«.
- In islamischen Ländern fragt man nicht, wie es der Ehefrau geht.
- Brahmanen (Priester, Gelehrte, Politiker, Vertreter der obersten Kaste in Indien und Nepal) dürfen nur essen, was am Brahmanenherd gekocht wurde. Das Küchenfeuer ist heilig und die Küche ein heiliger Ort, den Ungläubige nicht betreten dürfen.
- In asiatischen Ländern steigt man über am Boden stehende Opfergaben oder Menschen nicht, man umgeht das »Hindernis«.
- In Russland verschenkt man keine gelbe Rosen, da sie als Unglücksboten gelten. Ein Gruß über die Türschwelle bringt angeblich Pech.
- In China, Hongkong oder Japan wird die Zahl vier gemieden. Sie klingt so ähnlich wie das Wort Tod – und der ist ein Tabuthema.
- In der Türkei soll man einem Baby nicht die Füße küssen, da ihm das Unglück bringt.

Nicht alle Tabus und Höflichkeitsregeln sind für uns nachvollziehbar. Trotzdem ist es wichtig, sie zu achten und einzuhalten. Viele Einheimische machen uns Ausländer freundlich darauf aufmerksam, wenn wir Gefahr laufen, unbeabsichtigt ins Fettnäpfchen zu treten. Doch wer stur bleibt und sich weigert, Tabus zu respektieren, darf sich nicht wundern, wenn er auf Ablehnung stößt. Dies gilt besonders für religiöse Tabus.

Religiöse Gefühle respektieren

Mit ihrem Glauben versuchen die Menschen Dasein, Leben und Tod zu erklären. Sie finden in ihrem Vertrauen zu Gott, in religiösen Geboten und Verboten Halt und Trost. Gläubige aller Nationen reagieren deshalb sehr empfindlich, wenn man ihre religiösen Gefühle absichtlich oder unabsichtlich verletzt. Wer in Badekleidung heilige Stätten besuchen will, in Tempelbezirken ein Picknick abhält, Besichtigungen während religiöser Zeremonien vornimmt und sich über Kameraverbote hinwegsetzt, wer es ablehnt, seine Schuhe vor dem Betreten von Tempeln oder Moscheen auszuziehen, der verletzt die Gefühle der Gläubigen. Zeige du als Tourist ein besseres Benehmen! Informiere dich schon vor Reiseantritt über die religiösen Tabus in deinem Urlaubsland, über Speisegesetze, Fastenzeiten, Kleider- und Verhaltensvorschriften. Versuche dich im Hintergrund zu halten, wenn du an religiösen Zeremonien teilnimmst, und dich an das Verhalten der Gläubigen anzupassen. Arrogante Mienen, herabsetzende Urteile und besserwisserische Kommentare sind völlig überflüssig! Dränge Andersgläubigen auch niemals eine Diskussion über religiöse Weltanschauungen auf und versuche nicht, jeden Fremden, dem du zufällig begegnest, zu missionieren.

Weltreligionen im Überblick

Buddhismus

Der Buddhismus hat sich aus dem Hinduismus entwickelt. Sein Begründer war der indische Prinz Siddharta Gautama, genannt Buddha, der Erleuchtete. Buddhisten glauben nicht an einen Gott. Sie betrachten das Leben als ständigen Prozess von Werden und Vergehen. Das Karma, das Konto der guten und schlechten Taten, bestimmt das Schicksal der Menschen. Jeder Mensch kann sich vom Leiden erlösen, wenn er der Weisheit Buddhas folgt. Er predigte seinen Anhängern die vier Wahrheiten:

1. Alles Dasein ist Leiden.
2. Daseinsdurst ist die Ursache des Leidens.
3. Durch Beseitigung des Durstes läst sich das Leiden auflösen.
4. Der Weg dazu ist der achtfache Pfad, zu dem auch die Meditation gehört. Nach dem Tod wird der Mensch nach buddhistischem Glauben in einem anderen Körper wiedergeboren. Durch gute Taten kann er sein Karma verbessern und im nächsten Leben vielleicht glücklicher sein. Das höchste Ziel ist das Nirwana, die Erlösung aus dem Kreislauf der Wiedergeburten.

Heute leben in Thailand, Sri Lanka, Japan und China ca. 334 Millionen Buddhisten, auch in den USA und in Europa findet diese Religion zunehmend Anhänger.

Beachte:

- Vor Betreten eines buddhistischen Tempels zieht man die Schuhe aus und bedeckt Arme, Schultern und Beine.
  Handys schaltet man in Tempeln aus.
  Der Tempel ist ein Ort der Meditation. Man verhält sich ruhig.
  Buddhastatuen sind heilig. Man klettert nicht darauf herum!
- Unreine Fußsohlen dürfen niemals auf eine Buddhastatue weisen.
- Buddhistische Klöster umläuft man immer im Uhrzeigersinn.
- Mönche in buddhistischen Klöstern dürfen Frauen nicht berühren.

Christentum

 Das Christentum hat sich aus dem Judentum entwickelt und weist mit ihm eine Reihe von Übereinstimmungen auf. Etwa 1,9 Milliarden (33,54 % der Weltbevölkerung) gehören dieser Glaubensrichtung an. Christen glauben an einen einzigen Gott, den Schöpfer des Himmels und der Erde. Ihre heilige Schrift ist die Bibel. Jesus von Nazareth, genannt Christus oder Messias, der Sohn Gottes, kam auf die Welt, um den Menschen Heil zu bringen. Er predigte Gottes- und Nächstenliebe, starb am Kreuz, um die Menschen zu erlösen, ist wieder auferstanden und wird wieder erscheinen zum Jüngsten Gericht. Nach dem Tod kommen gute Menschen in den Himmel, schlechte werden in der Hölle bestraft.

Beachte:

- In Shorts und Badekleidung betritt man keine Kirche.
- Handys schaltet man in Kirchen aus.
- In Kirchen, Klöstern und anderen christlichen Stätten verhält man sich still, um Betende nicht zu stören.
- Während einer religiösen Zeremonie (Messe) verzichtet man auf Besichtigungen.

Hinduismus

Der Hinduismus ist vor allem in Indien, Nepal und auf Bali verbreitet. Hindus glauben an Brahman, eine göttliche Kraft, die alles beseelt und lebendig macht. Gleichzeitig verehren sie viele Gottheiten, die sie als Erscheinungsformen von Brahman ansehen. Vishnu ist der Gott der Güte, der Unheil abwenden kann. Shiva zerstört das Alte, damit Neues entstehen kann. Seine Kraft bekommt er von Shaktim, der Göttin der Urenergie. Geburt, Tod und Wiedergeburt bilden nach hinduistischem Glauben einen Kreislauf. Das Karma, das Konto der guten und schlechten Taten, bestimmt, in welche Kaste ein Hindu geboren und welches Schicksal er auf sich nehmen muss. Kasten nennt man in Indien die verschiedenen Gesellschaftsstände. Nach dem Tod wird der Mensch in einem anderen Lebewesen oder als Mensch in einer anderen Kaste wieder geboren. Wenn die Seele eins wird mit Brahman, der Weltseele, ist sie erlöst und muss nicht wiedergeboren werden. Die älteste heilige Schrift der Hindus sind die Veden.

Beachte:

- Vor Betreten eines hinduistischen Tempels zieht man die Schuhe aus, bedeckt Arme, Schultern und Beine und verzichtet bei traditionellen Festen möglichst auf Lederkleidung, Gürtel und Kamerataschen, da Leder von toten Tieren stammt.
- Handys schaltet man in Tempeln aus.
- Das Allerheiligste eines Tempels dürfen nur Hindus betreten.
- In Indien und Nepal gelten Kühe als heilig. Man isst deshalb kein Rindfleisch.

Islam

Der Islam ist in arabischen Ländern, der Türkei, in Indonesien und Afrika weit verbreitet. Weltweit gehören ca. 1 Milliarde Menschen dieser Glaubensrichtung an. Islam heißt Hingabe an Gott. Die Gläubigen nennt man Muslim bzw. Muslima, das heißt »der/die sich Gott unterwirft«.

Muslime glauben an einen einzigen Gott (Allah) und an ein Leben nach dem Tod. Wer gut war, kommt ins Paradies, böse Menschen in die Hölle. Begründer des Islam war der Prophet Mohammed. Er verkündete Gottes Gesetze. Mohammeds Anhänger hielten sie im Koran, der wichtigsten heiligen Schrift des Islam fest. Der Islam sieht sich als Vervollkommnung von Juden- und Christentum. Die wichtigsten religiösen Gebote, die fünf Säulen des Islam, sind:

1. Glaubensbekenntnis: Es gibt keinen Gott außer Allah, und Mohammed ist sein Prophet.
2. Fünfmal täglich soll ein frommer Muslim beten.
3. Jeder, der kann, soll von seinem Einkommen etwas an die Armen abgeben.
4. 30-tägiges Fasten im Monat Ramadan.
5. Einmal im Leben eine Pilgerfahrt nach Mekka zur Kaaba, dem höchsten Heiligtum.

Beachte:
- Vor Betreten einer Moschee zieht man die Schuhe aus und bedeckt Arme, Schultern und Beine.
- Handys schaltet man in Moscheen aus.
- Vor oder hinter Betenden geht man nicht vorbei, da ihr Gebet sonst unwirksam wird und wiederholt werden muss.
- Alkohol und Schweinefleisch sind für Muslime tabu.
- In der Fastenzeit Ramadam sollte man auch als »Ungläubiger« nicht schlemmen oder Muslime zum Essen einladen.

Judentum

Das Judentum ist eine sehr alte Religion. Stammvater Abraham glaubte nur an einen Gott Jahwe, den Vater aller Menschen und Schöpfer des Himmels und der Erde. Aus Ehrfurcht vor ihm spricht man seinen Namen nicht aus. Die Heilige Schrift der Juden ist die hebräische Bibel. Teile davon nennt man Thora und Talmud. Nach Auffassung der Juden hat Gott das Volk Israel ausgewählt und da-

zu berufen, seine Botschaft zu verbreiten. Auf der Erde hat der Mensch die Verpflichtung, Nächstenliebe zu zeigen, Böses zu vermeiden und Gutes zu tun. Jede Seele hat vor Gott unabhängig von Rasse oder Stand denselben Wert. Nach dem Tod wird der Mensch auferstehen und im Jenseits werden ihm gute und böse Taten vergolten.

Beachte:
- Badekleidung, Shorts und schulterfreie, ausgeschnittene Kleidung sollte man beim Betreten einer Synagoge nicht tragen.
- Handys schaltet man in Synagogen aus.
- Junge Männer, auch Ungläubige, tragen in der Synagoge eine Kopfbedeckung. Es genügt ein Hut oder eine Mütze, wenn keine traditionelle Kippa (Käppchen) zur Verfügung steht. Sportkäppis wie Baseballmützen sind allerdings nicht erwünscht.
- Manche Juden sehen das christliche Kreuz als Symbol für die Judenverfolgung. Es ist besser, Kettchen mit Kreuzen bei der Besichtigung einer Synagoge unter dem Pullover verschwinden zu lassen.

Freundlichkeit wird überall verstanden

Die Welt ist groß und vielfältig. Jedes Land hat seine eigene Geschichte, Religion und Kultur, kennt Sitten und Gebräuche, Gebote, Verbote, Anstandsregeln. Wenn du dich als Gast im Ausland aufhältst, hast du die Möglichkeit, sie kennen zu lernen. Mache es dir bei jeder Reise zur Gewohnheit, den Menschen mit Freundlichkeit, Achtung und Respekt zu begegnen. Ein Lächeln, ein freundlicher Gruß und ein zuvorkommendes Verhalten werden nämlich auf der ganzen Welt verstanden, unabhängig von Herkunft, Hautfarbe, Sprache, Lebenseinstellung oder Religion. Einfühlsamkeit, Rücksicht, Takt und Toleranz können helfen, Unannehmlichkeiten zu vermeiden, Menschen kennen zu lernen und Freunde zu gewinnen. Wer weiß, vielleicht lädt auch dich irgendwann eine türkische Familie zum Mittagessen oder ein tibetanischer Mönch auf ein Tässchen Buttertee ein. Vielleicht darfst du mit griechischen Fischern aufs Meer hinausfahren und Fische fangen. Vielleicht hast du sogar die Gelegenheit, bei einer balinesischen Hochzeit dabei zu sein oder an einer indischen Reistafel teilzunehmen. Und nach vielen Jahren, wenn du älter bist, viele Länder besucht und viele Erfahrungen gesammelt hast, bist du nicht mehr Tourist, sondern Kosmopolit, »Weltbürger«, ein Mensch, der die Fähigkeit hat, sich allen Milieus, Sprachen, Sitten anzupassen und der sich an den unterschiedlichsten Orten der Welt wohl fühlen kann.

In welches Land möchtest du als erstes reisen? Auf den nachfolgenden Seiten findest du eine kleine Auswahl. Ich habe mich beschränkt auf die Länder, deren Sitten, Gebräuche, Höflichkeitsregeln sich von den unsrigen deutlich unterscheiden. Vielleicht fährst du, nicht heute, aber irgendwann einmal in eines dieser Länder. Dann kannst du selbst erkunden, ob sich die Tischsitten, Höflichkeitsregeln und Tabus inzwischen verändert haben!

Fremde Länder, andere Sitten von A bis Z

Ägypten

Begrüßung: Man begrüßt sich mit Handschlag und sagt dazu »Salam aleikum«. Gereicht wird immer die rechte Hand! Frauen werden niemals mit der Hand begrüßt, nie umarmt und nie geküsst!

Tischsitten: Vor und nach dem Essen wäscht man sich die Hände. Gegessen wird ausschließlich mit der rechten Hand, die linke gilt als unrein. In dörflichen Regionen sitzt man beim Essen auf dem Boden. Die Hausfrau setzt zuerst alle Speisen auf ein Metalltablett. Dann legt man die Schuhe ab und betritt die Matte des Essplatzes. Man setzt sich die Beine nach hinten unterschlagen um das Tablett herum und beginnt zu essen, wenn der Älteste dazu aufgefordert hat.

Fladenbrotstücke benutzt man gelegentlich als Löffelersatz.

Hauptreligion: Islam

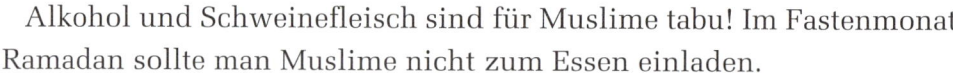

Tabus: Zärtlichkeiten zwischen Mann und Frau tauscht man nicht in der Öffentlichkeit aus. Man fragt nicht nach Familienmitgliedern, vor allem nicht nach Ehefrauen. Die Beine sollte man nicht übereinander schlagen, und die Schuhsohlen zu zeigen gilt als Beleidigung.

Alkohol und Schweinefleisch sind für Muslime tabu! Im Fastenmonat Ramadan sollte man Muslime nicht zum Essen einladen.

China

Begrüßung: Man begrüßt sich mit Handschlag und sagt dabei auf Mandarin »ni hao«.

Tischsitten: Bei Einladungen kommt man eine halbe oder eine ganze Stunde zu spät. Weiße Kleidung sollte man vermeiden, da Weiß die Farbe des Todes ist. Das Essen wird im Restaurant gemeinsam bestellt und auf einer Drehplatte in der Mitte des Tisches angerichtet. Der Gastgeber gibt mit einem höflichen »Quing!« den Gästen das Zeichen, dass sie mit dem Essen beginnen können. Jeder füllt Reis in seine Reisschale, hebt sie beim Essen mit der linken Hand an und führt mit den beiden Essstäbchen den Reis zum Mund. Auch Fleisch, Fisch und Gemüse wird mit den Stäbchen gegriffen und zum Mund geführt. Es gilt als sehr freundlich, dem Tischnachbarn die leckersten Stücke in die Reisschale zu legen. Tischabfälle, Gräten, Schalen und Knochen legt man neben die Essschale auf dem Tisch ab. Die Tischplatte gilt deshalb auch als unrein. Rutscht dir ein Happen vom Essstäbchen auf den Tisch, nimm ihn nicht wieder auf. Nudelsuppe und heißer Tee werden geschlürft. Nach dem Essen ist Rülpsen erlaubt!

Hauptreligion: keine (Atheismus), Buddhismus

Höflichkeitsregeln: Verpackte Geschenke dürfen nicht in Anwesenheit des Schenkenden geöffnet werden. Nach dem Essen muss ein Anstandshappen zurückbleiben, sonst gibt man dem Gastgeber das Gefühl, er sei geizig. Bei der Verabschiedung wartet man, bis die Gäste außer Sichtweite sind, erst dann darf man die Wohnungstüre schließen. In China verschenkt man keine frischen Blumen. Damit wurden bis vor kurzem nur die Toten geehrt. Den Lebendigen schenkt man lieber etwas Nützliches.

Tabus: Lautes Schnäuzen bei Tisch gilt als sehr unhöflich. Blumen in Gelb oder Weiß, Messer, Schirme, Uhren verschenkt man nicht! Niemals Essstäbchen senkrecht in die Reisschale stecken, das ist nur bei Beerdigungen und zum Abschied der Verstorbenen üblich.

Indien

Begrüßung: Man legt die Hände vor der Brust wie im Gebet zusammen, senkt den Kopf und sagt »Namaste«. Hände schüttelt man nur, wenn man sich lange nicht gesehen hat. Frauen reicht man grundsätzlich nicht die Hand. Sehr gute Freunde umarmt man.

Tischsitten: Inder essen traditionell mit der rechten Hand, die linke gilt als unrein. Das Glas kann man aber mit ihr aufnehmen. In Restaurants wird meist mit Messer und Gabel gegessen.

Höflichkeitsregeln: Bevor man ein Privathaus betritt, zieht man die Schuhe aus. Kopfschütteln bedeutet »ja«. Bei Verabredungen kommt man 15 Minuten später. Pünktlichkeit gilt nicht als wichtig.

Hauptreligion: Hinduismus, Islam

Tabus: Kühe sind heilige Tiere. Man isst deshalb kein Rindfleisch. Mann und Frau tauschen in der Öffentlichkeit keine Zärtlichkeiten aus.

Indonesien

Begrüßung: Man reicht sich beim ersten Treffen die rechte Hand und legt sie dann auf die linke Brustseite.

Tischsitten: Man isst mit Löffel und Gabel, wobei der Löffel in der rechten und die Gabel in der linken gehalten wird. Auf dem Land wird auch mit der rechten Hand gegessen, die linke gilt als unrein.

Höflichkeitsregeln: Ärger zeigen oder laut werden gilt als sehr unhöflich. Lächeln ist wichtig. Weiß ist die Farbe der Trauer. Geschenke überreicht man mit der rechten Hand und nimmt sie auch mit der rechten an. Hält man den Daumen der rechten Hand zum OK-Zeichen nach oben, bedeutet dies auf Sumatra und Borneo »Nach Ihnen«.

Hauptreligion: Islam, Hinduismus

Tabus: Körperberührungen zwischen Mann und Frau sind tabu. Vor der Brust verschränkte oder in den Hüften aufgestützte Arme wirken beleidigend. Man sollte nicht auf Opfergaben (Blumen, Reis etc.) treten, die in Bali vor Häusern, Tempeln und Geschäften liegen.

Iran

Begrüßung: Männer begrüßen nur Männer mit Händedruck und Verbeugung und sagen dabei »salam«. Frauen begrüßen nur Frauen.

Kleidung: Frauen müssen einen mindestens knielangen Mantel, ein großes blickdichtes Kopftuch, dicke Strümpfe und feste Schuhe tragen.

Tischsitten: Man isst mit der rechten Hand, während man mit den Knien auf dem Boden sitzt. Das Brot dient als Löffel. Für jeden Bissen nimmt man ein neues Stück Brot. Die linke Hand gilt als unrein.

Höflichkeitsregeln: In Restaurants mit separatem Frauenteil setzen sich Paare in den Männerteil, allein reisende Frauen in den Frauenteil. Im Teehaus halten sich nur Männer auf, Frauen sind hier nicht erwünscht.

Hauptreligion: Islam

Tabus: Man darf dem anderen Geschlecht nicht die Hand reichen oder durch eine Berührung in Körperkontakt treten. Auch Blickkontakte zwischen den Geschlechtern sind zu meiden. Man isst kein Schweinefleisch. Auch Alkohol ist in der Öffentlichkeit verboten!

Japan

Begrüßung: Man begrüßt sich mit einer Verbeugung. Die Hände werden dabei locker auf die Außenseite der Oberschenkel gelegt. Je höherrangig der Begrüßte ist, desto tiefer ist auch die Verbeugung. »Guten Tag« heißt »konnichi wa«.

Tischsitten: Man isst mit Stäbchen. Reis- und Suppenschalen darf man an den Mund heben. Suppennudeln darf man geräuschvoll schlürfen.

Höflichkeitsregeln: Wird man in ein Privathaus eingeladen, zieht man Mantel und Schuhe bereits vor dem Klingeln aus und stellt die Schuhe mit den Spitzen nach außen ab. Zimmer betritt man nur mit Strümpfen, für die Toilette gibt es spezielle WC-Pantoffeln, die man nach Verlassen der Toilette wieder vor der Tür abstellt. Laute Gesprächsbeiträge, Kritik und heftiges Gestikulieren gelten als unhöflich. Lächeln ist wichtig. Visitenkarten übergibt man mit beiden Händen und nimmt sie auch mit beiden Händen an.

Hauptreligion: Buddhismus

Tabus: Laute Geräusche beim Niesen oder Naseputzen gelten als unmanierlich.

Korea

Begrüßung: Ältere Personen genießen in Korea größten Respekt. Sowohl bei der Begrüßung als auch beim Erhalt eines Geschenkes benutzt man beide Hände und verbeugt sich tief. Die Verneigung ist umso tiefer, je älter der Begrüßte ist. Selbst bei wenigen Jahren Altersunterschied sprechen Freunde einander mit »großer Bruder« oder »große Schwester« an. »Guten Tag« heißt »anjonghassaejo«.

Tischsitten: Man isst mit Stäbchen und Löffel. Der Ehrengast oder der Älteste beginnt mit dem Essen. Reis- und Suppenschalen darf man an den Mund heben. Schmatzen und Schlürfen ist erlaubt, denn es zeigt, dass es schmeckt. Es gilt als als unhöflich, während des Essens lange Reden zu halten. Nach dem Essen bleibt man nicht noch auf ein Gläschen sitzen, sondern zahlt und verlässt sofort das Lokal.

Höflichkeitsregeln: Man stellt sich nicht selbst vor, sondern lässt sich vorstellen. Beim Danken verneigt man sich. Bevor man ein Restaurant oder Privathaus betritt, zieht man sich die Schuhe aus. Ärger zeigt man nicht. Laute Kritik gilt als unhöflich. Ein klares »Nein« wird vermieden. Man sagt stattdessen »Ich habe verstanden« oder »ich höre Ihnen zu«. Visitenkarten überreicht man mit beiden Händen und nimmt sie auch mit beiden Händen in Empfang.

Hauptreligion: Buddhismus

Tabus: Naseputzen beim Essen gilt als unhöflich. Körperkontakte (Schulterklopfen, Berührungen etc.) sind in der Öffentlichkeit nicht üblich.

Thailand

Begrüßung: Man legt die Hände vor der Brust wie zum Gebet zusammen und senkt den Kopf leicht. Dabei sagt der Mann »sawadi khap«, die Frau »sawadi kah«.

Tischsitten: Man isst mit Löffel, Gabel und Stäbchen. Den Löffel hält man mit der rechten Hand und schiebt die Speisen mit der Gabel darauf. Für Nudeln und Frühstücksrollen nutzt man Stäbchen. Reis- und Suppenschalen darf man an den Mund heben. Suppennudeln darf man geräuschvoll schlürfen.

Höflichkeitsregeln: Gästen bindet man manchmal als Willkommensgruß ein weißes Fadenarmband um, das nicht abgelegt werden sollte. Man schlägt die Beine nicht übereinander. Füße gelten als unedle Körperteile. Man zeigt nicht mit der Fußspitze auf jemanden. Es gilt auch als unschicklich, mit den Fingern auf jemanden zu zeigen, Menschen anzustarren oder in der Öffentlichkeit zu streiten. Frauen sollten ärmellose Oberteile meiden.

Hauptreligion: Buddhismus

Tabus: Umarmungen und Zärtlichkeiten in der Öffentlichkeit gelten als unschicklich. Der Kopf gilt als das Zentrum des Geistes. Da eine Berührung den Geist verwirren könnte, darf man den Kopf anderer Menschen nicht anfassen und auch Kindern nicht über den Kopf streichen. Man tritt auch nicht auf die Türschwelle eines Privathauses, da dort die guten Geister wohnen. Das Ansehen des thailändischen Königs ist zu achten. Man berührt nicht seine Bilder und tritt auch nicht auf Geldscheine, die sein Bild zeigen. Der Kopf eines Menschen darf nie höher als eine Buddha-Abbildung sein.

Türkei

Begrüßung: Im Geschäftsleben begrüßt man sich mit Handschlag. Nahe Bekannte und Männer untereinander bzw. Frauen untereinander begrüßen sich durch Umarmung und beidseitigen Wangenkuss. Gegenüber dem anderen Geschlecht deutet man den Wangenkuss nur an. »Guten Tag« heißt »merhaba«.

Tischsitten: Wenn man satt ist, sagt man »Guten Appetit«. Während des Essens zu gähnen und auf heiße Suppen zu blasen, gilt als unmanierlich. (Leichtes) Rülpsen ist dagegen erlaubt.

Man isst mit der rechten Hand. Die linke Hand gilt als unrein. Mit ihr darf nie gegessen werden.

Höflichkeitsregeln: Komplimente sind erwünscht. Frauen sollten Arme und Knie bedeckt halten.

Hauptreligion: Islam

Tabus: Zärtlichkeiten in der Öffentlichkeit sind unschicklich. Die Nase putzt man nicht geräuschvoll. Man isst kein Schweinefleisch. Auch Alkohol ist in der Öffentlichkeit verboten!

8. Zum Schluss

Regeln sind wichtig

Alle Kulturen der Welt haben Regeln entwickelt, die das Zusammenleben der Menschen erleichtern sollen. Meist sind diese Regeln verknüpft mit religiösen und politischen Weltanschauungen und in den einzelnen Ländern oft sehr unterschiedlich. Die bei uns üblichen Umgangsformen gehen auf Verhaltensvorschriften zurück, die der Adel entwickelt hat. Kleidervorschriften, Essensrituale, feine Sitten, Gebärden und Manieren dienten aber ursprünglich nicht allein dazu, den Einzelnen zu höflichem Benehmen und Rücksichtnahme zu bewegen, sondern waren früher auch ein Mittel der Adeligen, um sich gegenüber dem einfachen Volk abzugrenzen, es einzuschüchtern, Standesunterschiede zu betonen, Macht zu demonstrieren und Macht zu festigen. Jahrhundertelang hatten die Menschen in der Ständegesellschaft nicht dieselben Chancen und Rechte. Heute sind alle Menschen vor dem Gesetz gleich. Verhaltensvorschriften, die der Unterdrückung anderer dienen, lehnen wir ab. Umgangsformen sind heute Gesten der Verständigung, die beschwichtigen und friedliche Absichten signalisieren. Sie dienen dazu, anderen Menschen in der Öffentlichkeit sicher und entspannt zu begegnen und sich auch Fremden unbefangen nähern zu können. Wer sich freundlich, höflich, rücksichtsvoll und zuvorkommend benimmt, kommt mit seinen Mitmenschen besser aus, kann Streit leichter vermeiden und Konflikte besser lösen.

Manieren sind nützlich

Die Grundregeln guten Benehmens und die bei uns gültigen Konventionen sind dir nun bekannt. Du weißt, wie man grüßt, sich verabschiedet, niest, sich vorstellt. Du kennst die Bestecksprache, den Gebrauch von Serviette und Fingerschale und achtest darauf, zum Essen sauber und ordentlich gekleidet zu erscheinen. Das ist erfreulich, denn Manieren sind nützlich. Wer später im Beruf Erfolg haben will, der muss außer fachlichem Können auch soziale Fähigkeiten vorweisen können, da sind sich alle einig. Und zu den sozialen Fähigkeiten zählen nun mal auch Umgangsformen und Tischmanieren. Hast du gewusst, dass manche Chefs ihre zukünftigen Mitarbeiter zum Essen einladen, nur um sie zu testen? Und wer nicht weiß, wie man manierlich Garnelen verspeist, der hat sich blamiert und bekommt die Stelle dann doch nicht. Wie findest du das? Na ja, eigentlich musst du dir darüber noch keine Gedanken machen. Aber wundert es dich nicht auch, welch große Bedeutung man dem Verspeisen von Nahrung beimisst? Man kann im Umgang mit seinen Mitmenschen viel falsch machen. Was ist so schlimm daran, wenn jemand den Fehler begeht, vom Brot abzubeißen, anstatt es in kleinen Happen zu verzehren? Doch die Menschen sind seltsam. Sie achten gerade auf diese Kleinigkeiten. Oft mehr als auf die wirklich wichtigen Dinge.

Gutes Benehmen lässt sich üben

Die Hände vor dem Essen zu waschen und Suppe ohne Schlürfgeräusche auszulöffeln, ist wahrlich nicht schwer. Mäkelnde Eltern oder strenge Lehrer gelassen und höflich zu ertragen, erfordert Haltung und Würde und ist deshalb schon ein klein wenig schwieriger. Nervende Klassenkameraden rücksichtsvoll, freundlich und fair zu behandeln, kann man sogar als echte Herausforderung bezeichnen. Im Umgang mit

Klassenkameraden reicht es nämlich nicht aus, ohne nachzudenken Konventionen einzuhalten, zu grüßen, zu danken, sich zu entschuldigen. Es ist nicht immer möglich, Streithähne mit Takt und Manieren zu beschwichtigen, und allgemein gültige Verhaltensrezepte bei Zoff und Meinungsverschiedenheiten gibt es leider nicht. Jede Situation ist anders und erfordert von den Beteiligten Einfühlung, Aufmerksamkeit, Beobachtung. Wie ein Detektiv muss man die Lage abschätzen, seine eigenen Gefühle wahrnehmen, herausfinden, wie der andere sich fühlt, nach Lösungen suchen, sie abwägen und sich dann entscheiden. Das ist gar nicht so einfach und erfordert viel Übung!

Höflichkeit kann Lüge sein

Höfliche Kinder streiten weniger und versöhnen sich schneller. Meistens jedenfalls. Doch leider lassen sich unter der Maske höflicher Umgangsformen unerfreuliche Gedanken und Pläne, Gefühllosigkeit und Menschenverachtung ganz prima verstecken. Schüler, die ihre Lehrer artig grüßen und ihnen zuvorkommend die Tür aufhalten, können sich im Umgang mit Gleichaltrigen als gemeine Fieslinge entpuppen. Und nicht wenige Schwerverbrecher verhalten sich, um nicht aufzufallen, manierlich, ordentlich, diszipliniert, während sie gleichzeitig grausame Schandtaten planen. Höflichkeit kann also auch Lüge sein, Fassade, schöner Schein. Es ist wichtig, dass du das im Auge behältst. Manieren sind im Grunde überflüssig, wenn man gleichzeitig Menschenverachtung mit sich herumträgt und Hass predigt. Wer sich beim Hantieren mit Fischbesteck und Fingerschale unsicher fühlt, kann üben und seine Tischmanieren verbessern. Doch auch der blasierte Angeber, der peinlich berührt ist, wenn jemand Spaghetti mit Messer und Gabel verspeist, hat noch viel zu lernen. Wir leben nicht mehr in einer Ständegesellschaft. Gutes Benehmen heißt heute nicht, ein paar Benimmregeln zu beherrschen und auf ungebildete Menschen verächtlich herabzusehen. Manieren haben heißt heute, jedem Mitmenschen »brüderlich« zu begegnen, einfühlsam, zuvorkommend und rücksichtsvoll mit ihm umzugehen.

Wichtiger ist Herzensgüte

Menschen leben nicht nur von Wasser, Luft und Nahrung. Sie brauchen auch Beachtung, Zuwendung, Lob und Liebe. Menschen, die nichts essen und trinken, müssen sterben. Menschen, die keine Liebe abkriegen, können krank werden oder sich zu fiesen und gemeinen Zeitgenossen entwickeln. Herzensgüte lässt sich leider nicht wie ein Rezept verschreiben und wir können nicht immerzu von Herzen lieb zu allen Leuten sein. Wie gut, dass auch schon Takt, Höflichkeit und kleine Gesten der Zuvorkommenheit eine lockere, friedliche und freundliche Atmosphäre schaffen. Gestresste Erwachsene, streitlustige Schulkameraden und schlecht gelaunte Freunde lassen sich oft schon mit einem Lächeln, einer Geste der Beschwichtigung oder Anteilnahme besänftigen. Es ist nicht notwendig, beim kleinsten Anflug von Ärger oder Frust grob und unverschämt auf andere zu reagieren. Manchmal ist es besser, gar nichts zu sagen als zu provozieren oder mit Worten zu verletzen. Und wer freut sich nicht über ein Kompliment oder eine freundliche Bemerkung! Gutes Benehmen verwandelt uns nicht unbedingt in einen guten Menschen, es ändert nichts am Zustand der Welt, an Ungerechtigkeit und Gewalt, Hunger und Krieg. Aber es macht unseren Alltag ein kleines bisschen friedlicher und angenehmer.

Bleib unbefangen!

Vielleicht bist du noch nicht reif für den Friedensnobelpreis oder für ein Abendessen mit der englischen Königin. Das macht nichts. Du bist noch ein Kind. Du hast viel Zeit, über das, was in diesem Buch steht, nachzudenken, an deinen Umgangsformen zu feilen und Verhaltenstipps zu erproben. Sei dabei neugierig, unbefangen, verstelle dich nicht, bleib wie du bist! Es ist nicht erforderlich, Regeln auswendig zu lernen, starr an ihnen festzuhalten und in Gesellschaft ausschließlich daran zu denken, ja nichts falsch zu machen. Niemand ist vollkommen. Jeder darf Fehler machen und aus ihnen lernen. Versuche einfach, die Grundregeln guten Benehmens einzuhalten, als seien sie etwas ganz Natürliches. Wenn du aufmerksam bist dir selbst und deinen Mitmenschen gegenüber, dann wird dir das gelingen, was schon Adolph Freiherr Knigge empfahl, nämlich »in dieser Welt und in Gesellschaft mit anderen glücklich und vergnügt zu leben und deine Nebenmenschen glücklich und froh zu machen«.

> *Im Grunde sind es doch die Verbindungen mit den Menschen, welche dem Leben seinen Wert geben.*
> Wilhelm Freiherr von Humboldt
> (Gelehrter und Staatsmann, 1767–1835)

Man lernt nie aus

Wie findest du überhaupt die in diesem Schüler-Knigge empfohlenen Benimmregeln und Verhaltenstipps? Hältst du sie für brauchbar? Natürlich habe ich sie mir nicht allein ausgedacht. Das Kapitel über Fairplay in der Schule, das mir ganz besonders am Herzen liegt, basiert auf der Arbeit von Professor Dr. Manfred Cierpka und seiner Arbeitsgruppe an der Universität Heidelberg. Er selbst, Isabel Ott, Andreas Schick und Ilse Schütte haben das so genannte »Faustlos-Programm zur Gewaltprävention an Schulen« entwickelt, aus dem ich viele Erkenntnisse gewonnen habe, die in das betreffende Kapitel eingeflossen sind. Auch in »Manieren« von Asfa-Wossen Asserate (2003) und »Neue deutsche Etikette« von Cora Stephan (1995) habe ich kluge Sätze gelesen, die mir bei diesem Buch geholfen haben. Wenn du erwachsen bist und noch mehr über Umgangsformen und Benimmregeln wissen willst, kannst du dir die Bücher besorgen, die mir selbst schon manche Benimmfrage beantwortet haben wie z. B. der »ABS-Knigge – Das Anti-Blamier-System« von Inge Wolff (2004), »Das Mosaik-Benimmbuch« von Gräfin Schönfeldt (2000), »Der neue Knigge« (2001) von Franziska von Au, der »Kulinarische Knigge« von Horst Hanisch (2001), der »Managerknigge« (2002) von Heinz Commer und Johannes von Thadden oder den »Knigge fürs Ausland« von Heinz Fichtinger und Gregor Sterzenbach (2003). Vielleicht kaufst du dir dann aber auch ein ganz anderes Buch. Eines, das heute noch gar nicht geschrieben ist und erst in zehn Jahren auf den Markt kommt, ein Buch, das wieder neue Benimmregeln enthält und einige der alten vielleicht schon wieder als überholt einstuft. Denn so wie sich die Gesellschaft weiterentwickelt, so ändern sich auch die Bedürfnisse der Menschen, ihre Vorlieben, ihre Gewohnheiten, ihre Umgangsformen und Benimmregeln! Kurzum: Das Leben dreht sich weiter und wir lernen nie aus!

> *Man ist nur eigentlich lebendig, wenn man sich des Wohlwollens anderer erfreut*
> Johann Wolfgang von Goethe